Bernhard Waszkewitz

# Multikulti
oder
# Sozialpsychologische Spektren im Konflikt

Bernhard Waszkewitz

# MULTIKULTI

oder

Sozialpsychologische Spektren im Konflikt

*ibidem*-Verlag
Stuttgart

**Bibliografische Information Der Deutschen Bibliothek**

Die Deutsche Bibliothek verzeichnet diese Publikation in der Deutschen Nationalbibliografie; detaillierte bibliografische Daten sind im Internet über <http://dnb.ddb.de> abrufbar.

∞

Gedruckt auf alterungsbeständigem, säurefreien Papier
Printed on acid-free paper

ISBN: 3-89821-323-4



Printed in Germany

# Vorwort

Multikulturell wollen gewisse Kreise unser Land ausgerichtet sehen, so reden sie wenigstens und manche Naivlinge versuchen dann in diesem Sinne zu handeln. Übersehen wird dabei, daß kulturelle Unterschiede sich nicht nur auf formale Regeln und Äußerlichkeiten beschränken, sondern tief im Persönlichkeitskern der Menschen des jeweiligen Kulturkreises verankert sind. Sie bestehen auch nicht nur in Unterschieden der Heimatsprachen, sie dringen in jede gesprochene Sprache der betroffenen Menschen ein und führen darin ihr Eigenleben. Und damit ist dann die Sprache nicht mehr die des Gastlandes, sondern eine andere, in der die Termini fremdkulturelle Bedeutungen erhalten. Wer also ein multikulturelles Gemeinwesen will, der muß bereit sein, sich und seine Inhalte aufzugeben und zu überwinden, muß sich bei jedem Wort, das er verwendet, überlegen, was damit noch so alles gemeint sein kann.

Was das für jeden einzelnen in einem Gemeinwesen, etwa einem Staate bedeutet, will ich in diesem Büchlein beschreiben, damit hinterher niemand sagen kann, es hätte keiner auf die Folgen derartiger Vorstellungen und Ambitionen aufmerksam gemacht. Das setzt natürlich voraus, daß man zunächst einmal einen Blick auf die menschlichen Grundanschauungen und deren Wirkungsmechanismen wirft. Das sie beschreibende sozialpsychologische Spektrum, wie Hofstätter es genannt hat, wird daher Ausgangspunkt der Überlegungen sein.

Künzell 2003

Der Verfasser

## Inhaltsverzeichnis

# Der Mensch als soziales Wesen

## Sozialkörper

### Entstehung und Bildung

Von welcher Seite man auch immer in die Geschichte der Spezies Mensch einsteigt, man trifft eigentlich nie auf einen einzelnen Menschen, sondern stets auf eine Mehrzahl dieser Gattung. Man stellt dabei fest, daß - wie aufgrund der Individualinstanzstruktur[1] zu erwarten - jeder Mensch die Beziehung zu anderen sucht, teils um besser überleben und seinen Feinden besser widerstehen zu können, teils um ***Mensch*** sein zu können. Insbesondere die Ausführungen der Verhaltenswissenschaften haben uns hier umfangreiche und tiefreichende Kenntnisse geliefert[2]. Selbst die Analyse der Verhaltenssteuerung und Informationsverarbeitung des Individuums zeigt, daß der Mensch von seiner Grundkonzeption her ein soziales Wesen ist. Dafür sprechen vor allem gewisse Bedürfniskomponenten, wie soziale (c), Bewältigungs- und Führungs- (b), Individuations- (x) und kulturelle (u) Bedürfnisse und damit die Systemdimensionen Kp, Bp, Gp und Sp. Demzufolge sind schon Kleinkinder und erst recht Jugendliche soziale Wesen, wenn auch nicht zu verkennen ist, daß hierbei starke individuelle Unterschiede bestehen.

Wenn der Mensch also ein soziales Wesen ist, müssen wir unabhängig von jeder Beobachtung davon ausgehen, daß er soziale Gebilde schafft und nach deren Schöpfung in ständiger Auseinandersetzung mit diesen sozialen Systemen leben muß. Er bestimmt und formt sie, wird aber auch von ihnen geformt und beeinflußt, denn es handelt sich hierbei ja um offene Informationsverarbeitungssysteme. Solche Zusammenschlüsse werden in der Wissenschaft als Gruppen bezeichnet. Betrachtet man sich diese näher, so stellt man fest, daß es mindestens zwei wesensverschiedene Gruppenarten gibt. Auf der einen Seite beobachtet man den unmittelbaren und scheinbar

---

[1]vgl. B. Waszkewitz: Psychologie der Persönlichkeit, Stuttgart 2003

[2]I. Eibl-Eibesfeld: Der vorprogrammierte Mensch, 4. Aufl., München 1982

wenig geordneten Zusammenschluß mehrerer Individuen zu einem Verbund. Auf der anderen Seite stehen - meistens größere - Vereinigungen mit festgelegten Ordnungen und Bestimmungsgrößen. In diese Vereinigungen wachsen immer wieder neue Mitglieder hinein, ohne daß eine wesentliche Veränderung stattzufinden scheint. Während bei der ersten Form das Verhalten der Gruppenmitglieder weitgehend von den Eigenarten der Beteiligten abzuhängen scheint und sich mit dem Wechsel von Mitgliedern oft sehr verändert, bleiben Ordnungen und Merkmale der zweiten Form relativ unabhängig von den Eigenarten der jeweiligen Mitglieder. Man spricht im ersten Falle von ***Klein-*** oder ***Primärgruppen*** und bezeichnet die relativ mitgliederunabhängigen Formen als ***Sekundär-*** oder ***Formalgruppen***. Bei großer Mitgliederzahl nennt man derartige Sekundärgruppen auch ***Gesellschaften***.

Die Beobachtung lehrt uns weiterhin, daß in den meisten Sekundärgruppen verschiedene Primärgruppen bestehen, die untereinander in Beziehung stehen und zwischen denen sich Relationen herausbilden. Dadurch entsteht eine eigene Primärstruktur innerhalb der Sekundärgruppe, bei der die Elemente nicht Individuen, sondern Primärgruppen sind. Hierbei spricht man von ***informellen Organisationen*** im Gegensatz zur formalen Organisation der Sekundärgruppe. Gesellschaften zerfallen in vielen Fällen in eine Mehrzahl von Sekundärgruppen. Das kann soweit gehen, daß die einzelnen Sekundärgruppen sehr unterschiedliche Vorstellungen vom Leben und von der Welt entwickeln. Ist das der Fall, so haben wir eine ***pluralistische Gesellschaft*** vor uns, während dort, wo derartige Unterschiede nicht bestehen, eine ***konforme Gesellschaft*** vorliegt. Ob im Falle pluralistischer Gesellschaften ein grundlegender Unterschied zwischen der Gesellschaft und ihren Sekundärgruppen besteht, kann anhand der bisherigen Erkenntnisse nicht entschieden werden.

Schließlich begegnet man, wie insbesondere Le Bon gezeigt hat[3], bei größeren Mengen von Einzelwesen - bei Menschen wie Tieren - besonderen Reaktionsformen, die wir als ***psychische Massenreaktionen*** bezeichnen wollen. Diese Phänomene lassen sich speziell in als existenzbedrohend empfun-

[3] G. Le Bon: Psychologie der Massen, Stuttgart 1981

denen Situationen beobachten und äußern sich dann in panikähnlichen Erscheinungen, die jeder vernünftigen Überlegung widersprechen.

Da alle diese Formen menschlichen Soziallebens ohne Individuen nicht existieren, ja nur durch die Individuen existent sind, können sie nur die Folge menschlichen Verhaltens bzw. menschlicher Informationsverarbeitung sein. Das schließt sicher nicht aus, daß hierbei Merkmale ausgebildet werden, die sich - zumindest in dieser Form - beim Individuum und in der Individualinstanz nicht finden. Dennoch müssen sie sich auf der Basis der menschlichen Informationsverarbeitung ableiten lassen, denn sie sind ja das Ergebnis einer Vermaschung von Individualsystemen. Dabei wird man davon auszugehen haben, daß das Wesentliche einer solchen Vermaschung syntaktische Dimensionen sind, weil es sich ja um die Verknüpfung von Teilsystemen handelt. Allerdings kann dabei nicht übersehen werden, daß es sich hier nicht um fähigkeitsähnliche Größen handeln dürfte, sondern gewissermaßen funktionale Dimensionen höherer Art anzunehmen sind.

## Sozialsystembeschreibung

Das zeigt, daß es nicht ganz leicht ist, ein solches soziales System mehr als oberflächlich zu analysieren und zu beschreiben, worauf ich hier auch gar nicht im einzelnen eingehen will[4]. Schon das Textprogramm zu einer solchen Beschreibung zeigt die Komplexität, mit der wir es hierbei zu tun haben:

### Sozialsystembasisbefund (DSb)

Name:

Alter:

Vorbildung:

Beruf:

Untersuchungsmaterial:

Prüfverfahren:

Der erste Eindruck, den man von diesem System gewinnt, pendelt im allgemeinen zwischen *INW* und *iINW*. Dieser bildet sich auf einer *Ingw Inw*

[4] Vgl. B. Waszkewitz: Psychologie der Persönlichkeit, Stuttgart 2003, Ziff. 7

Grundlage verbunden mit *iInw* Zügen. Den Verlauf des inneren Geschehens bestimmen dabei generell die *Dygw Dyw* Tendenzen begleitet von *iDyw* Zügen. Die allgemeine Ausrichtung und Einstellung werden von einer *Mygw* sowie *Myw* und zugleich *iMyw* Struktur beherrscht.

Auf dieser Basis entwickelt sich eine *Egw* sowie *iEgw* Form des Systems, die von einer *Egsw*, dabei *iEgsw* Struktur getragen wird. Das führt zu einem *Sbgw* aber auch *iSbgw* Selbstbestimmungsstil auf der Basis einer *Sbsw* Selbstbetrachtungsweise mit *iSbsw* Zügen. Dazu trägt ein *Pw* sowie *iPw* Element bei, das die Impulse liefert, sowie ein *Rw* und *iRw Organ*, das die Übersicht und Lenkung managen soll. Dahinter findet man *zw*, aber auch *izw* Emotionalität und *sw* und *isw* Steuerungsfunktionen. Dazu gehören ferner *lw* sowie *ilw* vitale sowie *gw* und *igw* geistige Bedürfnisse als richtungsgebende Momente. Damit gelangt dieses System zu einer *Ayw* Selbstbehauptung mit *iAyw* Zügen und einem *Aysw* und *iAysw* Verhaltensstil, wenn es um die Bewahrung der eigenen Erlebnisweise geht. Die Ausrichtung dieser Kräfte und Abläufe wird dabei von einer *Lew*, aber auch *iLew* Einstellung mitbestimmt und von einer *Lesw* sowie *iLesw* Lebensauffassung begleitet.

Nach außen bildet sich dabei ein *Sägw*, aber auch *iSägw* Stil der Äußerungsweise in der Welt an sich und umfassenderen Gesellschaften, der von einem *Säsw* sowie *iSäsw* Weltverhältnis unterstützt wird. Der Umwelt wendet dieses System sich nämlich im allgemeinen *Uw*, wenn auch *iUw* zu, während von seinen Normen *Üw* und *iÜw* Impulse ausgehen, die seine Haltung zu und in dieser Welt mitformen. Das von *ew* und *iew* Zügen bestimmte Herausgehen aus sich führt in Verbindung mit der *jw*, aber auch *ijw* Orientierung von innen heraus zu einem *Uyw* und *iUyw* Weltzuwendungsstil bei einer *Uyws* und *iUyws* Reaktionsweise. *ww* sowie *iww* bestimmen dabei zusammen mit *tw* taxonomischen Vorstellungen und *itw* Bedürfnissen die *Sow* und auch *iSow* Reaktionstrends zur Welt an sich und *Sosw* und *iSosw* Einstellungen zur Umwelt.

In sozialer Hinsicht wirkt das System *Mnw* und *iMnw* bei vorwiegend *Mnsw* und *iMnsw* Verhaltensweisen. Dahinter steht im allgemeinen eine *Gegw*, aber auch *iGegw* Einstellung zur Gemeinschaft mit anderen

Personen und Gruppen bei *Gesw* und *iGesw* Reaktionsweisen. Verbunden damit ist eine *Kw* zugleich auch *iKw* soziale Ansprechbarkeit, und das bei einer *Bw* Einstellung mit *iBw* Zügen zu humanen Fragen und Beziehungen. Entscheidend sind hierbei einerseits eine *vw*, aber auch *ivw* Gefühlslebhaftigkeit und andererseits eine *hw* und *ihw* wirkende Gefühlstönung. Hinzu kommen *uw* und *iuw* als universale Interessen sowie *xw* und auch *ixw* als humane Grundbedürfnisse, die die Ausrichtung der sozialen Gefühle beeinflussen. Das führt logischerweise zu einem *Byw* sowie *iByw* inneren Bindungsstil bei einer *Bysw* und *iBysw* Gefühlsstruktur. Dazu gehören dann *Sgw* aber auch *iSgw* kulturelle Einstellungen verbunden mit *Sgsw* und *iSgsw* Tendenzen im inneren Kontext mit sich und anderen Systemen.

Sobald es um die Auseinandersetzung mit und das Leben in der sozialen Umwelt geht, stößt man bei diesem System auf *Gbgw*, aber auch *iGbgw* Züge sowie ein *Gbsw* und *iGbsw* Verhalten. Dieses ist gepaart mit einer *Gw* Bewältigungsweise verbunden mit *iGw* Zügen sowie einer *Sw* und *iSw* Anpassung, die auf einer *aw*, wenn auch *iaw* Gestaltungsaktivität und einem *pw* Hingabestil mit *ipw* Tendenzen basieren. Dementsprechend ist von einem *Gyw* und *iGyw* Gestaltungsstil in sozialen Beziehungen auszugehen, und das bei *Gysw* und *iGysw* Reaktionsweisen. Hierbei wirken *bw*, aber auch *ibw* Bewältigungsverlangen und *cw* sowie *icw* richtungsweisend mit, was zu *Gew* und auch *iGew* als Zielsetzungen und *Gsew* verbunden mit *iGsew* Handlungsweisen im Umgang mit sozialen Einrichtungen und Umwelten führen dürfte.

Im Umgang mit den Dingen, Problemen und Aufgaben des Lebens und auch des Berufs stößt man im vorliegenden Falle generell bei diesem System auf einen *Wtw* und doch *iWtw* wirkenden Problemlösungsstil auf der Basis einer *Wtsw* und *iWtsw* Umgangsweise mit Dingen und Aufgaben. Dabei werden die mannigfachen Eindrücke von ihm *Wegw*, aber auch *iWegw* erfaßt, was auf dem Hintergrund einer *Wesw* Grundauffassung des Geschehens mit *iWesw* Zügen zu werten ist. Die allgemeine Einstellung zu derartigen Situationen erscheint dabei *Ew* und *iEw*, wobei die erfaßten Inhalte weitgehend *Ow* und *iOw* verarbeitet werden dürften. Naturgemäß wird die Art, wie die

Eindrucke erfaßt und verarbeitet werden weitgehend von dem *mw*, jedoch auch *imw* Selbstvertrauen des Systems und seiner *dw* sowie *idw* Grundstimmung beeinflußt. Natürlich spielen dabei auch *qw* und *iqw* Qualitäts- sowie *ow* und *iow* Ordnungsbedürfnisse eine nicht zu unterschätzende Rolle. Dementsprechend ist von einer *Syw* und auch *iSyw* Situationserfassungsweise sowie einem *Sysw* und *iSysw* Verhaltenstrend auszugehen. Die Wahrnehmung als Basis des Erfaßten wird dabei von *Waw* und auch *iWaw* Zügen sowie den zugehörigen *Wasw* und *iWasw* Weltbetrachtungstendenzen bestimmt.

Der Umgang mit den Situationen, Dingen, Aufgaben und Problemen wird im allgemeinen von einem *Wbgw* aber auch *iWbgw* Problembewältigungsstil im Rahmen einer *Wbsw* sowie *iWbsw* Weltbewältigungsweise geleitet. Dahinter stehen einerseits Züge von *Fw* und *iFw,* andererseits solche von *Tw* und *iTw.* Als Quellen wirken vom Verlauf her sowohl *kw* als auch *ikw* sowie *rw* als auch *irw.* Dem entspricht dann ein *Eyw* Arbeitsstil mit *iEyw* Reaktionsweise zusammen mit einer *Eysw* und *iEysw* Arbeitshaltung. Die Richtungsgebung bleibt dabei weitgehend von *fw* und *ifw* sowie von *nw* und *inw* abhängig. Dementsprechend wird die Handlungsorientierung im allgemeinen *Orw* aber auch *iOrw* erscheinen. Das wiederum geht auf die *Orsw* und *iOrsw* Strukturen zurück.

Dabei bringt das System eine *IyW* Effektivität zur Bewältigung gruppeninterner Probleme mit. Das *WyW* ausgeprägte Abgrenzungspotential steht wie die anderen Begabungen im Dienste der aufgezeigten Wesenszüge und wird von ihnen eingesetzt. Bei *wew* Alternativenwahlkonformität bleibt das System *dkw.* Auf dieser Grundlage entwickelt sich eine *wew#dkw* Urteilsbildung. Auf die Vielfalt der Eindrücke spricht es *wmw* an, wie es dem Code entspricht. Infolge der *dpw* inneren Statuslabilität bleibt das System in seiner Informationsverarbeitung *wmw#dpw.* Da es zudem über die Fähigkeit verfügt, *wkw* Handlungskonformität zu entwickeln und *dew* Rollenabgrenzungen zu entwickeln, bildet sich eine *wkw#dew* Handlungsorganisation zur Bewältigung praktischer Probleme heraus.

Auf Seiten der assimilierenden, gestaltenden Funktionen finden sich *VyW* Vielseitigkeitseffektivität des Systems und *FyW* Differenziertheit gegenüber der Umwelt. Der *vlw* Machtgradient im Innern und das *ffw* Einfühlungsvermögen gegenüber anderen Systemen bergen die Möglichkeit das System von innen auf Umweltveränderungen *vlw#ffw* einzustellen. Die *vpw* Vielfalt der inneren Klassenbildung unterstützt die *fhw* Differenziertheit des Verständigungscodes und läßt eine *vpw#fhw* Verständigungsbasis des Gesamtsystems entstehen. Bei *vkw* Arbeitsteilung im System bietet dieses nach außen *fkw* Handlungsmöglichkeiten und damit *vkw#fkw* Gestaltungsmöglichkeiten insgesamt.

Als Material zur Lebensbewältigung und Informationsverarbeitung stehen insgesamt *Cyw und iCyw* Kenntnisse, Vorstellungen und Erfahrungen, dabei

- *nulw und inulw* zu lebenspraktischen Themen
- *geiw und igeiw* zu geistigen und wissenschaftlichen Fragen
- *pubw und ipubw* gesellschaftlicher und weltlicher Art
- *welw und iwelw* weltanschaulicher und ideologischer Art
- *kusw und ikusw* kultureller und sprachlicher Art
- *igew und iigew* humaner, psychologischer und pädagogischer Probleme
- *mafw und imafw* zu Führungs- und Dominationsproblemen
- *menw und imenw* zu sozialen und Servicethemen
- *wekw und iwekw* zu Werk- und Qualitätsfragen
- *fosw und ifosw* zu formalen und Ordnungsstrukturen
- *fotw und ifotw* zu technologischen und progressiven Problemen
- *bogw und ibogw* zu ökonomischen und Sicherungsproblemen zur Verfügung.

Zu bedenken sind bei alledem als hintergründige Störungsquellen dynamischer und struktureller Art:

## Schema des Beschreibungssystems

Dementsprechend sieht dann das Beschreibungssystem im Überblick und schlagwortartig wie folgt aus:

| *Elemente* | ***Aspekt*** | ***Komponenten*** |
|---|---|---|
| Pw- Vitalsituation<br>α- natürliche<br>β- impulsive<br>γ- triebhaft<br>δ- leer | **Sigmatik** | nulw- lebenspraktische Inhalte<br>*α- lebensnahe Inhalte*<br>*β- lebensnaher Hintergrund*<br>*γ- vitale Wahnvorstellungen*<br>*δ- verdrängte Vitalinhalte* |
| | **Semantik** | lw- vitale Trends<br>*α- Erlebnisnähe*<br>*β- infantil-übersteigertes Tun*<br>*γ- suchthafte*<br>*δ- Erlebnisflucht* |
| | **Syntaktik** | vlw: Machtgradient |
| | **Pragmatik** | zw: Zyklothymie<br>*α- unmittelbar*<br>*β- überschwenglich*<br>*γ- hyperkinetisch*<br>*δ- impulslos* |
| Rw - Vernunftsituation<br>α- gesetzlich<br>β- schematisch-eng<br>γ- unlebendig-formal<br>δ- disziplinlos-wirr | **Sigmatik** | geiw- geistige Inhalte<br>*α- gedanklich-wissenschaftl. Inhalte*<br>*β- gedankliche Hintergründe*<br>*γ- utopische Wahninhalte*<br>*δ- geistige Verdrängungen* |
| | **Semantik** | gw- geistige Trends<br>*α- erkenntnistheoretische*<br>*β- spekulative, neugierige*<br>*γ- paranoide*<br>*δ- geistfremde, -feindliche* |

| | | |
|---|---|---|
| | Syntaktik | dkw- Konformität |
| | Pragmatik | sw: Schizothymie<br>*α- diszipliniert, überlegt*<br>*β- schematisch, eingeengt*<br>*γ- verwirrt, weltfremd*<br>*δ- steuerlos, abhängig* |
| Uw- Umweltsituation<br>α- berührungsintensiv<br>β- ansehensintensiv<br>γ- hysterisch<br>δ- berührungsängstlich | Sigmatik | pubw: weltliche Inhalte<br>*α- gesellschaftliche Lebensinhalte*<br>*β- weltliche Hintergründe*<br>*γ- weltliche Wahnideen*<br>*δ- weltliche Verdrängungen* |
| | Semantik | ww- weltliche Trends<br>*α- Öffentlichkeit, Weltlichkeit*<br>*β- Prestige, Geltung*<br>*γ- Beachtungssucht*<br>*δ- Öffentlichkeitsangst* |
| | Syntaktik | ffw- Feinfühligkeit |
| | Pragmatik | ew- Extraversion<br>*α- kontaktaktiv*<br>*β- ansprüchig*<br>*γ- narzißtisch*<br>*δ- kontaktgehemmt* |
| Üw- Wertsituation<br>α- wertgebunden<br>β- wertfixiert<br>γ- ideologisch, zwanghaft<br>δ- neutralistisch | Sigmatik | welw – Ideologieinhalte<br>*α- weltanschauliche Inhalte*<br>*β- weltanschauliche Hintergründe*<br>*γ- ideologische Wahnideen*<br>*δ- ideologische Verdrängungen* |

| | | |
|---|---|---|
| | Semantik | tw- taxonomische Trends<br>*α- weltanschauliche Bindungen*<br>*β- weltanschauliche Fixierungen*<br>*γ- Ideologiewahn*<br>*δ- neutralistische Gehemmtheit* |
| | Syntaktik | wew- Entscheidungskonformität |
| | Pragmatik | jw- Intraversion<br>*α- reserviert*<br>*β- isoliert*<br>*γ- Flucht-, Totstellreflexe*<br>*δ- zudringlich* |
| Kw- Kultursituation<br>α- idealistisch<br>β- schwärmerisch<br>γ- ekstatisch<br>δ- indolent | Sigmatik | kusw- Kulturinhalte<br>*α- kulturelle, sprachliche Inhalte*<br>*β- kulturelle Hintergründe*<br>*γ- verschrobene kulturelle Inhalte*<br>*δ- kulturelle Verdrängungen* |
| | Semantik | uw- kulturelle Trends<br>*α- kulturelle Betonung*<br>*β- schöngeistige Ausrichtung*<br>*γ- A-Funktionalismus*<br>*δ- Kulturängste* |
| | Syntaktik | vpw- Klassenvielfalt |
| | Pragmatik | vw- Versatilität<br>*α- agil, sprühend*<br>*β- unruhig, unstet*<br>*γ- ekstatisch*<br>*δ- gehemmt, träge* |

| | | |
|---|---|---|
| Bw- Beziehungssituation<br>α- bindungsintensiv<br>β- sentimental<br>γ- schwülstig<br>δ- gefühllos | Sigmatik | igew- Humaninhalte<br>*α- menschliche Inhalte*<br>*β- menschliche Hintergründe*<br>*γ- Sendungswahnformen*<br>*δ- humane Verdrängungen, Tabus* |
| | Semantik | xw- Individuationstrends<br>*α- Selbstverwirklichungsbedürfnis*<br>*β- Absonderungsbedürfnisse*<br>*γ- Ichwahn*<br>*δ- Ichzweifel* |
| | Syntaktik | dpw- Klassendurchlässigkeit |
| | Pragmatik | hw- Conjunktivität<br>*α- gefühlstief*<br>*β- romantisch*<br>*γ- ichhafte Gefühle*<br>*δ- bindungsgehemmt* |
| Gw- Gestaltungssituation<br>α- aktiv, bestimmend<br>β- beherrschend,<br>γ- unterdrückend,<br>δ- subaltern, | Sigmatik | mafw- Machtinhalte<br>*α- Führungs-, Gestaltungsinhalte*<br>*β- Gestaltungshintergründe*<br>*γ- Bewältigungswahnideen*<br>*δ- Machtverdrängungen* |
| | Semantik | bw- Bewältigungstrends<br>*α-Führungs-, Gestaltungsstreben*<br>*β- Unterdrückungsstreben*<br>*γ- Zerstörungssucht*<br>*δ- Gestaltungsängste* |
| | Syntaktik | fhw- Codevielfalt |

| | | |
|---|---|---|
| | **Pragmatik** | aw- Aktivität |
| | | *α- angreifend, durchsetzend* |
| | | *β- aggressiv-heftig* |
| | | *γ- rücksichtslos-streitsüchtig* |
| | | *δ- aggressionsgehemmt* |
| Sw- Sozialsituation | **Sigmatik** | menw- Anpassungsinhalte |
| α- sozial, dienend, | | *α- soziale Inhalte* |
| β- beeinflußbar | | *β- soziale Hintergründe* |
| γ- hilflos, verführbar | | *γ- Sozialutopien* |
| δ- rigide | | *δ- Soziale Verdrängungen* |
| | **Semantik** | cw- caritative Trends |
| | | *α- Beteiligungsdrang* |
| | | *β- Fürsorgedrang* |
| | | *γ- Betreuungssucht* |
| | | *δ- Sozialängste* |
| | **Syntaktik** | wmw- Codekonformität |
| | **Pragmatik** | pw- Pathik |
| | | *α- empfänglich* |
| | | *β- beeinflußbar* |
| | | *γ- haltlos* |
| | | *δ- hingabegehemmt* |
| Ew- Situationseindruck | **Sigmatik** | wekw- Werkinhalte |
| α- erfolgversprechend | | *α- Qualitätsinhalte* |
| β- locker zu meistern | | *β- Qualitätshintergründe* |
| γ- verführerisch | | *γ- Qualitätswahnvorstellungen* |
| δ- deprimierend | | *δ- Qualitätenverdrängungen* |

| | | |
|---|---|---|
| | **Semantik** | qw- Qualitätstrends<br>*α- Qualitäts-, ästhetisches Streben*<br>*β- Effektstreben*<br>*γ- verschrobenes Effektstreben*<br>*δ- Nivellierungsstreben* |
| | **Syntaktik** | vkw- Arbeitsteilungsgrad |
| | **Pragmatik** | mw- Sanguinik<br>*α- optimistisch*<br>*β- leichtfertig*<br>*γ- manisch*<br>*δ- verängstigt* |
| Ow- Organisationslage<br>α- geordnet, systematisch<br>β- kleinlich-formal<br>γ- starr-formalistisch<br>δ- chaotisch | **Sigmatik** | fosw- Formalinhalte<br>*α- Ordnungsinhalte*<br>*β- Ordnungshintergründe*<br>*γ- verschrobene Ordnungsformen*<br>*δ- verdrängte Ordnungsformen* |
| | **Semantik** | ow- Ordnungstrends<br>*α- Systematisierungsdrang*<br>*β- Schematisierungsdrang*<br>*γ- Ordnungszwänge*<br>*δ- Ordnungsängste* |
| | **Syntaktik** | dew- Rollenabgrenzung |
| | **Pragmatik** | dw- Melancholie,<br>*α- ernst, tiefsinnig*<br>*β- verdrossen, mißmutig*<br>*γ- depressiv-leer*<br>*δ- getrieben-flüchtig* |

| | | |
|---|---|---|
| Fw- Handlungssituation<br>α- expansiv, handelnd<br>β- unstet, abenteuerlich<br>γ- hektisch, utopistisch<br>δ- lahm, ängstigend | **Sigmatik** | fotw- Zukunftsinhalte<br>*α- Zukunftsinhalte*<br>*β- Zukunftshintergründe*<br>*γ- utopistische Wahninhalte*<br>*δ- Zukunftsverdrängungen* |
| | **Semantik** | fw- Expansionstrends<br>*α- Bedürfnis nach Unbekanntem*<br>*β- Abwechslungssuche*<br>*γ- Abenteuersucht*<br>*δ- Veränderungsängste* |
| | **Syntaktik** | fkw- Handlungsvielfalt |
| | **Pragmatik** | kw- Kaptation<br>*α- schwungvoll*<br>*β- hektisch-cholerisch*<br>*γ- eruptiv*<br>*δ- kaptativ gehemmt* |
| Tw- Sicherheitslage<br>α- ungefährdet<br>β- fixiert-gezwungen<br>γ- stur-erstarrt<br>δ- gefährdet | **Sigmatik** | bogw- Bewahrungsinhalte<br>*α- ökonomisch-traditionelle Inhalte*<br>*β- Sicherheitshintergründe*<br>*γ- lokale Wahnvorstellungen*<br>*δ- Sicherheitsinhaltsverdrängungen* |
| | **Semantik** | nw- Bewahrungstrends<br>*α- Vertrautheitssuche*<br>*β- Absolutheitssuche*<br>*γ- Stabilitätssucht*<br>*δ- Ängste vor dem Üblichen* |
| | **Syntaktik** | wkw- Handlungskonformität |

| | Pragmatik | rw- Retention<br>*α- unbeirrbar*<br>*β- stur-phlegmatisch*<br>*γ- negativistisch*<br>*δ- retentiv gehemmt* |
|---|---|---|

Es ähnelt damit dem System der menschlichen Persönlichkeit, von dem es sich vor allem in syntaktischer Hinsicht unterscheidet, was verständlich ist, werden derartige soziale Systeme doch von Menschen gebildet und gestaltet.

## Beschreibung der Elemente und Komponenten

In der folgenden Übersicht findet der Leser an Stelle der Schlagworte nähere Angaben zu den Elementen- und Komponentenzuständen, soweit sie ausgeprägt sind. Das soll ihm die Möglichkeit geben, Umfang und Tiefe der einzelnen Elemente und Komponenten deutlicher zu sehen.

| **Pw: Vitalstruktur**[5] |
|---|
| γ: **Triebhaftigkeit,** *Motor Disturbances* motorische Störungen, bizarre Haltungen, Hyperkinese; Primitivismen, Echopraxien, pervertierte Genußsucht, Zurück-zur-Natur- Wahn, |
| δ: **Leere,** *emotionale Gehemmtheit,* Welt hat keinen Aufforderungscharakter, natürliche und unmittelbare Reaktionen sind nicht möglich, Starre, Leere, Impulslosigkeit, Affektarmut, ängstliche Genußunfähigkeit, die Welt verliert für die Gruppe den Aufforderungscharakter zum Handeln und vor allem zum aktiven Erleben, zu affektiver Assimilation; es bilden sich Starre, Leere, Impulslosigkeit und Affektarmut. |
| β: **Impulsivität,** *Genußstreben,* Kreatürlichkeit des Erlebens, unkritische Unmittelbarkeit, Genießernaturell, Eindrucksabhängigkeit des Erlebens, übertriebene Genußwünsche, |

[5] zu den atavistischen Grenzformen sei auf Lorr verwiesen, s. Arnold/Eysenck/Meili: Lexikon der Psychologie, Freiburg 1987, Stichwort Psychose

| |
|---|
| α: **Natürlichkeit,** *Emotionalität,* Natürlichkeit und Unmittelbarkeit des Erlebens, aus dem Emotionalen heraus erleben, Anschauungsnähe, Alltagsnähe, Genußfähigkeit, Zyklothymie, Seele, physiologische und vitale Bedürfnisse, praktische Ausrichtung, |
| γ zw: **hyperkinetisches** und primitives Verhalten, evtl. verbunden mit Echopraxien, groteske und bizarre Bewegungsformen |
| δ*zw:* **Impulslosigkeit,** die Welt verliert den Aufforderungscharakter zum Handeln und vor allem zum aktiven Erleben, zu affektiver Assimilation; es bilden sich Starre, Leere und Affektarmut |
| β zw: **überschwenglich**, augenblicksabhängig, impulsive Reaktionsweisen |
| α zw: **unmittelbar**, initiativ, emotional, ursprünglich, natürlich wirkendes Verhalten |
| γ lw: **suchthaft,** verschrobene, pervertierte Genußwünsche, Suchtformen des Genusses |
| δ lw: **Erlebnisflucht,** bei der körperliche, organische, sensuale und vitale Genußwünsche nicht entfaltet werden; das führt zu Desinteresse am lebendigen und sinnlichen Geschehen und zur Ausbildung von Genußunfähigkeit im Vitalen aus Angst. |
| **β** lw: Erlebnisabhängigkeit, Genußhaftigkeit, Genußstreben, übertriebene vitale Neigungen |
| α lw: **Erlebnisnähe,** praktische Bestrebungen, vitale und physiologische Neigungen und Strebungen |
| vlw: **Machtgradientensteilheit,** Machtfülle von oben |
| γnulw: **vitale Wahninhalte**, Zurück-zur-Natur-Wahn |
| δnulw: **verdrängte vitale,** physiologische sinnenhafte Inhalte, Entsagungsvorstellungen |
| βnulw: **vertiefte vitale**, lebensnahe und praxisnahe Hintergrundkenntnisse und Grundanschauungen, Kreatürlichkeiten, |
| αnulw: **lebenspraktische Einzelkenntnisse** und lebensnahe Erfahrungen |
| **Rw: Vernunftstruktur** |

| |
|---|
| γ: **starr-formalistisch,** *Disorientation,* Desorientierung, funktionale Desorientierung hinsichtlich Zeit und Ort, es kann zur Unfähigkeit kommen, Menschen wiederzuerkennen, paranoide Neugier, Gefühl durch das Schweigen anderer Gruppen ausgeschlossen zu werden, esoterische Wahnvorstellungen, |
| δ: **disziplinlos-wirr,** *rationale Gehemmtheit,* es fehlt der Bezug zu Ordnungen und Regeln, Züge neurotischer Verwahrlosung treten hervor, Irrationalität, Unvernunft, Augenblicksabhängigkeit, Uninteressiertheit, Angst vor eigener Neugier, |
| β: **schematisch-eng** *Vernünftelei,* Neigung zu eingeengtem Formalismus, Züge von Schablonenhaftigkeit, Enge, Intellektualismus, weltfremde Spekulationen, |
| α: **rational,** *Vernünftigkeit,* Überlegung, Selbstdisziplin, Steuerung und kritische Haltung, Geistigkeit, intellektuelle, theoretische Ausrichtung, |
| γ sw: **verwirrt, weltfremd,** herabgesetztes Realitätsbewußtsein, traumhaftes und nebelhaftes Erleben, |
| δ sw: **steuerlos,** die vernunftbestimmte Steuerung wird nicht herausgebildet; es bilden sich Steuer- und Disziplinlosigkeit, Augenblicksabhängigkeit, Unvernunft |
| βsw: **eingeengt-verkrampft,** Verregelung, Schablonisierung, Schematismus |
| αsw : **verhalten,** Rationalität, Überlegung, planvoll, kritisch, diszipliniert |
| γ gw: **paranoide Neugier**, verschrobener Informationsdrang, die Gruppe fühlt sich durch das Schweigen anderer ausgeschlossen und hat das Gefühl, die anderen ließen sie auflaufen |
| δ gw: **geistfremd, -feindlich,** die Ausbildung geistiger Bedürfnisse und Interessen wurde verhindert; es fehlt an Informationsdrang und natürlicher Neugier, es wird kein Wert auf Wissen und Bildung gelegt und es entsteht eine gedankliche Uninteressiertheit |
| β gw: **neugierig,** weltfremde Neigungen, spekulative, intellektualistische Neigungen |

| α gw: **erkenntnistheoretische,** theoretische **Neigungen,** ideelle, geisteswissenschaftliche Neigungen |
|---|
| dkw. **Konformität,** Einheitlichkeit und Kohäsionsstärke |
| γeiw: **utopistische Wahnvorstellungen**, idealistische, weltferne, esoterische Zwangsideen |
| δgeiw: **verdrängte Gedanklichkeit**, ohne Ideale und theoretische Hintergründe, theoriefeindliche Grundanschauungen und Vorstellungen |
| βgeiw: **vertieftes gedankliches Rüstzeug,** geistige Hintergrundinhalte, geisteswissenschaftliche und esoterische Grundanschauungen und Vorstellungen |
| αgeiw: **gedanklich-wissenschaftliche Einzelinhalte**, geistiges Vielwissen |
| **Uw: Umweltbeziehung** |
| γ **: hysterisch,** *Excitement,* Erregungszustand mit beschleunigter Sprache, laut, schwer zu unterbrechen, erhöhte Stimmungslage und Selbstwertschätzung, ungezügelter und schauspielerischer Ausdruck, hysterische Reaktionen, Selbstbespiegelungen, narzißtische Reaktionen, exhibitionistische Zwänge, |
| δ **berührungsängstlich,** *Zuwendungsgehemmtheit,* Umweltangst, Scheu, Kontakthemmungen in dinglicher und menschlicher Hinsicht, Öffentlichkeitsscheu, Aussteigermentalität, Anspruchsängste, es bildet sich keine aktive Zuwendung zur Welt und Umwelt heraus; Isolierungstrends, Kontaktscheu und Kontakthemmungen werden deutlich. |
| β **anspruchsintensiv,** *Darstellungsdrang* Prestige- und Statusdrang, will auf sich aufmerksam machen und dadurch Beziehungen zur Umwelt gewinnen, Geltungsdrang, |
| α **berührungsintensiv** *Weltzuwendung* extravertiertes Verhalten, sucht Gesellschaft und Öffentlichkeit, wendet sich der Welt zu, Aufgeschlossenheit, Geselligkeitsbedürfnisse, Selbstschätzungsbedürfnisse, |
| γ ew: **narzißtisch,** Selbstbespiegelungen, hysterische Reaktionen, selbstbezogene Umweltassimilation |

| δ ew: **kontaktgehemmt,** es bildet sich keine aktive Zuwendung zur Welt und Umwelt heraus; Isolierungstrends, Kontaktscheu und Kontakthemmungen werden deutlich. |
| --- |
| β ew: **ansprüchig,** auffällig, darstellerisch, aufgeblasen |
| α ew: **kontaktaktiv,** Außenorientierung, Kontaktoffenheit |
| γ ww: **Beachtungssucht,** verschrobene Welt. und Öffentlichkeitssucht, hysterische Selbstdarstellungssucht, exhibitionistische Zwänge |
| δ ww: **Öffentlichkeitsangst**, Bedürfnisse der Weltzuwendung und der erlebenden Teilnahme der Welt konnten nicht entfaltet werden; ängstliches Desinteresse gegenüber Öffentlichkeit, Gesellschaft und Welt, Anspruchsängste, Öffentlichkeitsscheu und Aussteigertendenzen sind die Folge. |
| β ww: **Geltungsstreben,** Prestigeverlangen, Statusdrang |
| α ww: **Öffentlichkeitszuwendung,** Weltlichkeit, gesellschaftliche Neigungen |
| ffw: **Differenz Omnium,** Einfühlungsfähigkeit, Taktgefühl |
| γpubw: **weltlich orientierte Wahnvorstellungen** zur eigenen Bedeutung, wahnhafter Gruppenstolz |
| δpubw: **Verdrängung weltlicher Realitäten**, Weltfluchtideen, Angst vor vielen Menschen und weiten Räumen, Autarkievorstellungen |
| βpubw : **fundierte gesellschaftliche,** weltliche u. öffentliche Hintergründe, milieutheoretische Vorstellungen und Grundanschauungen, weltliche Ausrichtungen |
| αpubw : **vielerlei gesellschaftliche** und weltliche Einzelinhalte |
| **Üw: Weltbewertung** |
| γ **ideologische Zwänge** ,*Anxious Depression* ängstliche Verstimmung, von unbestimmter Angst, aber auch bestimmten Sorgen wird berichtet, die Stimmung ist dysphorisch bei gleichzeitigen Selbsterniedrigungstendenzen, zusätzlich sind Schuldgefühle und Gewissensbisse über wirkliche oder eingebildete Verfehlungen zu beobachten, Verfolgungsängste, inadäquate Fluchtreaktionen, totstellreflexartige Mechanismen, Unheimlichkeitsaffekte, Gerechtigkeitszwänge, religiöses Eiferertum, |

| |
|---|
| δ: **Neutralismus,** *integrative Gehemmtheit* : Verlust der inneren Orientierung, fehlende Werthaltungen und Distanz, Abhängigkeit von Außenlenkung, fehlende Fluchtdistanz, Angst vor dem Alleinsein, rücksichtslose Aufdringlichkeit, Neutralismus, Relativismus, Opportunismus, areligiös, amoralisch, es entwickelt sich keine Fluchtdistanz, die Orientierung aus sich heraus bleibt verschlossen; es bilden sich rücksichtslose Aufdringlichkeit und Angst vor dem Alleinsein, die Welt wird affektiv nicht integriert. |
| β: **Wertfixierungen,** *Egozentrizität* bezieht alles auf sich, übertriebene Schamgefühle und Gewissensreaktionen, Unfreiheit, Isolierung, Abkapselung, übermäßige Verschlossenheit, orthodoxe und fanatische ideologische Haltungen, |
| α: **Wertbindungen** *Innenlenkung* orientiert sich an inneren Wertvorstellungen, wahrt Abstand und Distanz, Intraversion, Streben nach Werten, ideologische Bedürfnisse, religiöse Bedürfnisse, ethische Vernünftigkeit, Bewußtheitsklarheit, |
| γ jw: **Fluchtzwänge,** Verfolgungsängste, inadäquate Fluchtreaktionen, totstellreflexartige Mechanismen, Unheimlichkeitsaffekte |
| δ jw: **Zudringlichkeit,** es entwickelt sich keine Fluchtdistanz, die Orientierung aus sich heraus bleibt verschlossen; es bilden sich rücksichtslose Aufdringlichkeit und Angst vor dem Alleinsein, die Welt wird affektiv nicht integriert |
| β jw : **Isolation,** Verbergen, Verstecken, unfrei, befangen |
| αjw: **Reserviertheit,** Zurückhaltung, Verhaltenheit, Distanzierung, |
| γ tw: **ideologischer Wahn,** verschrobene, irreale Wertbedürfnisse, ideologische Zwänge und Verabsolutierungen, Gerechtigkeitszwänge, religiöses Eiferertum |
| δ tw : **neutralistische Gehemmtheit**, das Wertstreben wurde nicht ausgebildet; Angst vor der Entwicklung eigener bzw. Übernahme fremder Wertsysteme und Bewertungen führt zu Neutralismus, Relativismus, Areligiosität, Amoralität und Opportunismus. |

| |
|---|
| β tw : **Orthodoxie,** weltanschaulich fixiert, Engstirnigkeit, ideologistisch, frömmelnd, illiberal |
| α tw: **ethisch gebunden**, weltanschaulich festgelegt, Werthaltung, |
| wew : **Alternativenwahlkonformität,** Entscheidungskonformität |
| γwelw: **ideologische Wahnvorstellungen,** religiöse, weltanschauliche Wahnvorstellungen, verschrobene Wertmaßstäbe |
| δwelw: **ideologische Verdrängungen,** Neutralismus, Amoralität, liberalistische Grundanschauungen |
| βwelw: **fundierte ideologische Konzeption**, weltanschauliches Hintergrundwissen, ideologische, moralische Grundanschauungen |
| αwelw: **ideologisches Einzelwissen,** vielerlei weltanschauliche Kenntnisse und Erfahrungen |
| **Kw: Kulturbeziehung** |
| γ **ekstatisch,** *Obsessional Phobic,* phobischer Zwang mit unkontrollierbaren Handlungen und Ritualen, wiederkehrende ungewollte Ideen, halluzinäre, rauschhafte Zustände, kultureller Sendungswahn, Kulturaposteltum, Maschinenstürmerei, |
| δ: **indolent,** *Gefühlsreaktionsgehemmtheit:* Verlust der Mitte, Funktionalismus, Angst vor Kultur und lebhaften Gefühlen, Gefühlsträgheit, nicht zu begeistern, Unfähigkeit vorhandene Bindungen zu lösen, gefühlshaftes Kleben, interesselos gegenüber Sprache, Kultur etc., Zweckfunktionalismus, geht mit einem Verlust der gefühlsmäßigen Äußerungsfähigkeit als Basis der inneren Assimilation sozialer Verbindungen einher, |
| β: **schwärmerisch,** *Illusionen,* übersteigerte, unstete Gefühlsäußerungen, Ästhetizismus, zweckentfremdete Schöngeistigkeit, Antifunktionalismus, |
| α: **idealistisch,** *Äußerungsleichtigkeit,* kulturelle Orientierung, Lebhaftigkeit der sozialen, kulturellen und sprachlichen Äußerungen, Gefühlslebhaftigkeit, Wachsamkeit, kulturelle Bedürfnisse, schöngeistige Bedürfnisse, Formensinn |
| γ vw: **ekstatisch,** halluzinäre Zustände, illusionäre, rauschhafte Schwärmereien |

δ vw: **äußerungsträge,** geht mit einem Verlust der gefühlsmäßigen Äußerungsfähigkeit als Basis der inneren Assimilation sozialer Verbindungen einher, so daß sich keine Begeisterungsfähigkeit bilden kann;

βvw: **unstet,** erregbar, Geschwätzigkeit, Schwärmerei, unruhige Reaktionen

αvw: **agil**, sprühend, lebhaft, begeistert

γ uw: **A-Funktionalismus,** verschrobener Kulturfanatismus, kultureller Sendungswahn, Bilderstürmerei, Maschinenstürmerei, Kulturaposteltum, Kultur-Erneuerer

δ uw: **Kulturängste:,** führt dazu, daß sich kein Interesse an Kultur, Sprache und Werden der Gesellschaft herauszubilden vermag, so daß häufig Zweckfanatismus, Kulturabwehr und Überbetonen des Zivilisatorisch-Funktionellen erscheinen.

β uw : **Schöngeistigkeit,** Kulturschwärmerei, Antifunktionalismus

α uw: **Kulturgebundenheit,** Idealismus, historische Neigungen

vpw : **innere Vielfältigkeit, Klassenvielfalt**

γ kusw: **Universalwahnideen,** verschrobene kulturelle, historische wahnhafte Grundanschauungen, Sprachverschrobenheiten

δ kusw: **reine Zweckinhalte** infolge von Kulturabwehr und Kulturängsten; Kulturbanausentum, materialistische Grundanschauungen,

βkusw: **umfassendes, hintergründiges Kulturwissen,** fundierte Kenntnisse und Erfahrungen in historischer, sprachlicher und kultureller Hinsicht, kulturelle und idealistische Grundanschauungen

α kusw: **kulturelle und sprachliche Einzelkenntnisse und -erfahrungen**

**Bw: Bindungsstruktur**

γ: **Schwülstigkeit**, *Paranoid Projection* Verfolgungswahn mit ungerechtfertigten fixen Ideen, die Personen aus der Umgebung aggressive, verfolgerische und kontrollierende Absichten zuschreiben, verschrobene, auf die eigene Gruppe gerichtete Bindungen, Hundeheimweh, Sendungswahn, dabei sich von anderen verfolgt fühlen,

| |
|---|
| δ: **Gefühllosigkeit,** *Humanitätsängste:* Angst vor dem Menschlichen, vor Partnerschaften und Bindungen, aber auch vor der Eigenprägung, Rückzug ins Kollektive, Züge der Kälte und Unpersönlichkeit, fehlende innere Bindungen, betonte Sachlichkeit als Sublimation, |
| β: **Sentimentalität,** *Romantik,* Gefühlchen, Gefühlsduselei, Gemütsegoismus, Singularisierung, in-group-Betonung, |
| α: **bindungsintensiv,** *Humanität,* Gefühlstiefe und Bindungsfähigkeit verbunden mit Eigenständigkeit des gefühlsmäßigen Erlebens, Bedürfnis nach Selbstbestimmung und Selbstverwirklichung in dem Zusammenleben mit anderen Gruppen, |
| γ hw: **Gefühlsegozentrizität,** verschrobene, auf die eigene Gruppe gerichtete Bindungen, etwa in Form des krankhaften Hundeheimwehs |
| δ hw: **Bindungsgehemmtheit,** Fehlen sozialer Bezogenheit und Bindungen zu anderen Sozialkörpern, was als Kälte und Gemütsarmut erscheinen kann. |
| β hw: **Romantik,** in-group-Bindung der Gefühle, Gefühlssentimentalität |
| α hw: **Wärme,** Gefühlstiefe, Bindungstiefe, Sensitivität |
| γxw: **Sendungswahn,** verschrobene „Selbstverwirklichungs"wünsche, Gruppenerhebungszwänge, |
| δ xw: **Selbstzweifel,** Verselbständigungstendenzen wurden nicht entfaltet; kollektivistische Neigungen aus Angst vor dem Selbstsein sowie überbetonte Sachlichkeit als Substitutionserscheinung treten hervor |
| β xw: **Singularisierung,** Vereinzelung, Absonderungsneigungen |
| α xw: **Verselbständigungsstreben im Sinne der Eigenprägung,** in-group-Individuation |
| dpw: **Durchlässigkeit,** Lockerheit, Kastenfreiheit, innere Beweglichkeit |
| γ igew: **Sendungswahnideen,** größenwahnähnliche Inhalte, Auserwähltseinvorstellungen |
| δ igew: **Humanitätsverdrängungen,** Dehumanitätsvorstellungen, Deindividuationsvorstellungen, inhumane Grundanschauungen |

| β igew: **fundierte psychologische Kenntnisse und Erfahrungen,** menschliche Hintergrundinhalte, humane und humanistische Grundanschauungen |
|---|
| α igew: **psychologische Einzelkenntnisse und -erfahrungen,** menschliche und gefühlsmäßige Einzelinhalte |
| **Gw: Gestaltungsstruktur** |
| γ: **Zerstörung,** *Hostile Belligerence* aggressive Streitsucht, bei der Beschwerden über Aggressivität und Ressentiment gegen andere üblich sind; die Schuld an Schwierigkeiten und Versagen wird anderen gegeben, Selbstzerfleischungs- und -zerstörungsreaktionen, verschrobene Macht- und Herrschaftssüchte, |
| δ **Subalternität,** *Machtängste:* Gestaltungsgehemmtheiten, Aggressionsgehemmtheiten, Bewältigungsgehemmtheiten, Angst, anderen ins Gehege zu kommen, Angst vor dem Sichdurchsetzen, Nichtentfaltung aktiven Handelns in größeren sozialen Bezügen |
| β **Hitzigkeit,** *Beherrschung* Machtwünsche, Züge von Herrschsucht und Aggressivität, Schärfe der Reaktionen, Machenwollen um jeden Preis, |
| α **Bestimmung,** *Gestalten* Aktivität des Gestaltens und Machens, aber auch der Durchsetzung, Führungs- und Lenkungsdrang, Leistungsbedürfnis, |
| γaw: **Streitsucht,** Aggressivität gegen die eigene Gruppe, Selbstzerfleischungsreaktionen |
| δaw: **Aggressionsgehemmtheit,** Nichtentfaltung aktiven Handelns in sozialen Bezügen, wodurch Selbstdurchsetzung und Angriffslust verlorengehen, es entsteht ständige Angst, anderen Gruppen ins Gehege zu kommen oder sie zu verletzen. |
| β aw: **Aggressivität,** Heftigkeit, Schärfe der Reaktionen |
| α aw: **Aktivität,** angreifend, durchsetzend, |
| γ bw: **Machtterror,** Zerstörungszwänge, verschrobene Macht- und Herrschaftsbedürfnisse ohne Rücksicht auf die eigene Gruppe |

| |
|---|
| δ bw: **Gestaltungsängste,** bei denen keine gestaltenden und konstruktiven Bedürfnisse entfaltet wurden; es entwickeln sich keinerlei Macht- und Führungsansprüche, kein sozialer Ehrgeiz, männliche und gestaltende und führende Rollen machen Angst und werden daher abgelehnt. |
| β bw: **Unterdrückungsstreben,** Überwältigungs- und **Ma**chtstreben |
| α bw: **Führungsstreben,** Gestaltungs-, Lenkungs-, Leitungs-, Bestimmungs-, Bewältigungsstreben |
| fhw : **Codedifferenziertheit,** Ausdrucksvielfalt nach innen und außen |
| γ mafw: **Bewältigungswahn,** verschrobene Macht-, Blut-, Zerstörungs- und Terrorinhalte |
| δ mafw: **verdrängte Macht- und Führungswünsche,** unterdrückte und gestaute Gestaltungsvorstellungen, wagt keine Gedanken dahingehend, subalterne Grundanschauungen, |
| β mafw: **fundierte Lenkungsinhalte,** Gestaltungs- und Steuerungs-Hintergrundinhalte, macht-, herrschafts- und gestaltungsbezogene, politische, aggressive Grundanschauungen |
| α mafw: **Gestaltungseinzelwissen und –erfahrungen**, Einzelinhalte zu Lenkungs- und Steuerungsthemen |
| **Sw: Sozialstruktur** |
| γ: **Hilflosigkeit,** <u>*Functional Impairment*</u> Funktionale Schwäche mit Beschwerden über die Unfähigkeit, sich zu konzentrieren, zu arbeiten oder Entscheidungen zu treffen; Interesse an anderen Gruppen, Menschen und Sozialem ist herabgesetzt oder fehlt, Verführbarkeits- und Hingabezwänge; Zwang, Unbrauchbares zu erhalten; |
| δ: **Rigidität,** <u>*Sozialängste:*</u> Angst vor der Anpassung an soziale Gegebenheiten, Neigung zu unangemessenem Freiheitsdrang und Selbstherrlichkeit, unsensibel, vertrauenslos in sozialer Hinsicht, Angst vor sozialen Aufgaben, vor Helfen, Hegen und Pflegen, Anpassungsunfähigkeit, |
| β: **Beeinflußbarkeit,** <u>*Abhängigkeit*</u> Nachgiebigkeit, erdrückende Fürsorge, die keinen echten Halt und keine wirkliche Hilfe gibt, die zur Beherrschung anderer führt, Herrschen durch Schwäche, |

| |
|---|
| α: **Dienstbereitschaft,** *Hingabe* soziale Bedürfnisse, Engagement in der Gemeinschaft, Anpassung, Beeindruckbarkeit, Hegen und Pflegen, soziale Anpassung, |
| γ pw: **Haltlosigkeit,** Nachgiebigkeitszwänge, Verführbarkeits- und Hingabezwänge |
| δ pw: **Hingabegehemmtheit**, Nichtentfaltung von Beeindruckbarkeit und Sensibilität - besonders im Umgang mit der sozialen Umwelt - , Vertrauenslosigkeit, Anpassungsunfähigkeit, Mangel an Lösung, Lockerheit und Entspannung. |
| β pw: **Nachgiebigkeit**, Beeinflußbarkeit, Verführbarkeit, Weichheit, |
| α pw: **Empfänglichkeit,** pathisch, beeindruckbar, sensibel, hingabefähig |
| γ cw: **Betreuungssucht,** verschrobenes Sozial- und Pflegebedürfnis, muß auch dort helfen, wo keine Hilfe gebraucht wird, Unbrauchbares zu retten und zu erhalten, ist die Gruppe innerlich gezwungen |
| δ cw: **Sozialängste,** bei der keine sozialen und caritativen Bedürfnisse ausgebildet werden; diese Gruppen können weder andere Gruppen, Menschen noch Gegenstände hegen und pflegen, geschweige denn Verständnis für sie entwickeln. |
| β cw: **Fürsorgedrang,** Mitläufertum, übertriebene Fürsorglichkeit, Bemutterungstrends bis zur Bevormundung |
| α cw: **Beteiligungsdrang,** Anpassungsneigung, Dienstbereitschaft, Helfenwollen, Pflegenwollen, pflegendes Erhalten, Serviceneigung |
| wmw: **Codekonformität**, Ausdruckskonformität nach innen und außen |
| γ menw: **Sozialutopien**, soziale Wahnvorstellungen, feministische Wahnideen und Verschrobenheiten, mütterlichkeitsideologische Wahninhalte |
| δ menw: **feminine, soziale Verdrängungen,** Angst vor weiblichen Inhalten, männliche Protestinhalte, soziale Unabhängigkeit in Grundanschauungen |
| β menw: **fundierte soziale Hintergrundinhalte,** Dienst-, Service-, Anpassungs-, Pflege- und Wartungshintergrundinhalte, Hingabe, Anpassung und Nachgiebigkeit in Grundanschauungen |

| |
|---|
| α menw: **Soziale Einzelkenntnisse und -erfahrungen,** Einzelinhalte aus den Bereichen des Dienens, Pflegens und der Wartung |
| **Ew: Situationshaltung** |
| γ: **Verführerisch-überheblich,** *Grandiosity* Größenwahn, eine Einstellung der Überlegenheit verbunden mit unberechtigten Gefühlen, über ungewohnte Kräfte zu verfügen; göttliches Sendungsbewußtsein kann ebenfalls beobachtet werden; Ideenflucht |
| δ: **deprimiert,** *Minderwertigkeitsgefühle:* manische Gehemmtheit, Lebensangst, Depressionen, depressive Verstimmungen, reine Nützlichkeitshaltungen, Quantitätssucht als Kompensation, Lebensangst, |
| β: **locker-selbstgewiß,** *Unbedenklichkeit* überhöhte Risikobereitschaft, Mangel an Selbstkritik, Hektik, Leichtfertigkeit,, Flüchtigkeit, Tollkühnheit, effekt- und äußerlichkeitsorientiert |
| α: **erfolgssicher,** *Sicherheit* Frische, Heiterkeit, sanguinisch, Selbstvertrauen, Wagemut, ästhetische Bedürfnisse, musische und künstlerische Bedürfnisse, Qualitätssinn, plastische Vorstellung, |
| γ mw: **Manie,** unruhige, hektische, ideenflüchtige Reaktionen, bei denen alles unabhängig von Realitäten durch die rosarote Brille betrachtet wird |
| δ mw: **Verängstigung,** Frische und Selbstvertrauen werden nicht ausgebildet, womit ein Verlust von Wagemut, Optimismus und Risikobereitschaft ebenso verbunden ist wie Lebensangst, Minderwertigkeitsgefühle und Depressionen. |
| β mw: **Leichtfertigkeit,** Unbedenklichkeit, Flüchtigkeit, Oberflächlichkeit |
| α mw: **Optimismus,** Sicherheit, Selbstgefühl, , Frische, Heiterkeit |
| γ qw: **verschrobene Effektbedürfnisse**, Geschmacksverirrungen, Künstlerwahn, Qualitätswahn |
| δ qw: **Qualitätenverdrängungen,** es entsteht keine Beziehung zur Qualität und zu Qualitätsunterschieden; es besteht kein Interesse für Qualitäten und deren Wirkungen, für musische und ästhetische Phänomene, es wird aus Angst oft in eine reine Nützlichkeitseinstellung ausgewichen |
| β qw: **Effektbedürfnisse,** Kitsch, Veräußerlichungen, |

| α qw: **Qualitätstrends,** ästhetische Bedürfnisse, Geschmack, Qualitätssinn, musisch, künstlerische Neigungen, |
|---|
| vkw : **Aufgabenvielfalt**, Funktionsvielfalt |
| γwekw: **Qualitätswahnideen,** irreale Gütevorstellungen, verschrobene ästhetische Inhalte, bizarre Inhaltsformen |
| δwekw: **verdrängte Qualitätsinhalte,** amusisch, Quantitätssucht, Kunstbanausentum, Quantitätsvorherrschaft in den Grundanschauungen |
| βwekw : **fundierte Qualitätsinhalte,** musische und ästhetische Hintergrundwelten, Qualität, Qualitäten und Musisches als Grundanschauungen |
| α wekw: **vielerlei Qualitätsinhalte,** musische und ästhetische Einzelheitenkenntnisse und -erfahrungen |
| **Ow: Systemstruktur** |
| γ: **starr-formalistisch,** *Perceptual Distortions* mit Wahrnehmungsstörungen, Erlebnisse unechter Wahrnehmungen in Form von Stimmen, die bedrohlich anklagen oder etwas fordern, Beeinträchtigungswahn, Verfolgungsängste, Hoffnungslosigkeit und verschrobene Schuldgefühle, hypochondrische Reaktionen, Kontroll- und Ordnungszwänge, |
| δ: **Chaotismus,** *Ordnungsängste,* Angst vor Ordnung, Systematik und Regeln, Mangel an Ernst und Besinnlichkeit, Flachheit, Verantwortungslosigkeit, Nachlässigkeit, Schlamperei, Flachheit, Verantwortungslosigkeit, Leichtsinn und lässige Tollkühnheit werden wirksam. |
| β: **kleinlich-formal,** *Pedanterie* Übervorsicht, Mißtrauen, Verdrossenheit, Mißmut, strenge, fixierte und wenig sinnvolle Ordnungsbildung, Listenführungsdrang, bürokratische Tendenzen und Verhaltensformen, |
| α: **geordnet,** *Abwägen* Besinnlichkeit, Besonnenheit, Systematik, Tiefsinn, Ernst, melancholisch, Ordnungsstreben, Streben nach Gliederung und Systematik, Organisationsdrang, intellektuelle Verknüpfungvielfalt, |
| γ dw: **Depression, Leere,** verschrobene Ängste, Verfolgungsängste, Interessenverlust, Hoffnungslosigkeit und verschrobene Schuldgefühle, hypochondrische Reaktionen |

| |
|---|
| δdw: **getrieben-flüchtig,** Ernst, natürliche Vorsicht und Besonnenheit werden nicht entfaltet; eine erhebliche Unfähigkeit zum Abwägen, Flachheit, Verantwortungslosigkeit werden wirksam |
| βdw: **Mißmut,** Verdrossenheit, Unlust, Übervorsicht, Pessimismus |
| α dw: **Ernst,** Verhaltenheit, Abwägen, Besonnenheit, Tiefsinn, |
| γ ow: **Ordnungsturbulenz,** Kontroll- und Ordnungszwänge, verschrobene wirklichkeitswidrige Pedanterien |
| δ ow: **Ordnungsängste,** die einer Ausbildung von Ordnungsbedürfnissen im Wege stehen, so daß keinerlei Beziehungen zum Systematischen, zu Organisationen herausgebildet werden; Schlamperei und Chaotismus sind die Folge. |
| β ow: **Schematisierungsdrang,** Pedanterie, Listenzwang, Schematismus, Regelabhängigkeit, Normen und -zwang |
| αow: **Systematisierungsstreben,** Ordnungsstreben, Gliederungsstreben, Organisationsdrang |
| dew: **Rollenabgrenzung,** Funktionsabgrenzung, Kompetenzbegrenzung |
| γ fosw: **verschrobene, realitätsfremde Ordnungs-** und Systemformen, bürokratische Zwänge, Ordnungswahn, |
| δ fosw: **verdrängte Ordnungsinhalte,** chaotische Vorstellungen, desorganisierte und desorganisierende Inhalte, Ängste vor formalen Inhalten, chaotische Grundanschauungen |
| β fosw: **fundierte Ordnungs- und Systeminhalte,** Gliederungs- und Formalisierungshintergrundinhalte, ordnungs-, system- und schemabezogene Grundanschauungen |
| αfosw: **vielerlei Ordnungskenntnisse und -erfahrungen,** vielerlei einzelne Formalinhalte |
| **Fw: Handlungsstruktur** |
| γ: **Utopismus,** <u>*Conceptual Disorganisation*</u> Auffassungsstörungen, bei denen die Sprache weitschweifig und voller Neologismen, unzusammenhängend und ohne Bezug zu gestellten Fragen ist; hyperkinetische Störaktionen, Veränderungssucht, Nichtseßhaftigkeit, |

δ: **Lahmheit,** *Fremdheitsängste:* Angst etwas zu unternehmen, Zukunftsängste, ängstliche Lahmheit und Mattheit, Furcht vor eigenem Handeln, Angst vor Neuem, Fremdem, Fernem und Unbekanntem. Symptome sind ängstliche Lahmheit, Mattheit, Furcht vor eigenem Tun.

β: **Unstetheit,** *Überschwang* Heftigkeit, Hitzigkeit, Abenteurertum, Betriebsamkeit, Geschäftigkeit, Abwechslungssucht, Neuheitensucht,

α: **Schwung,** *Expansivität,* Unternehmungsgeist, cholerisch, eifrig, dynamisch, Bedürfnisse nach Neuem und Veränderungen, Zukunftsstreben, progressiv, zielsichere motorische Koordination,

γ kw: **eruptiv,** groteske, situationsunangemessene Impulsivität, hyperkinetische Störaktionen

δ kw: **Kaptative Gehemmtheit,** unternehmerischer Ausgriff, schwungvolle Expansion werden nicht ausgebildet; Mattheit, Furcht vor eigenem Tun.

β kw: **hektisch-cholerisch,** Heftigkeit, Unruhe, Unstetheit, Geschäftigkeit

α kw: **Schwung,** Expansionsdrang, Eifer, Unternehmungslust,

γ fw: **Abenteuersucht**, Fortschrittswahn, Veränderungssucht, verschrobenes Fortschrittsbedürfnis, Nichtseßhaftigkeit

δ fw: **Veränderungsängste,** Bedürfnisse nach Entdecken, Veränderungen sind nicht ausgebildet; Angst vor dem Fernen, Fremden, Unbekannten, Fortschritt und vor der Zukunft beherrschen die Einstellung, allem Neuen und Fremden wird aus dem Wege gegangen

β fw: **Abwechslungssuche,** Wechselhaftigkeit, Abenteuersucht, Veränderlichkeit

αfw: **Unternehmungslust,** Fortschrittsdrang, Zukunftsorientierung, Neuheitensuche, Forschungsdrang,

fkw : **Handlungsvielfalt** nach innen und außen

γ fotw: **Progressionswahnideen**, utopistische Zukunftsinhalte, irreale zwanghafte Vorstellungen von Fremden und Fernem

δ fotw: **verdrängte Zukunftsinhalte,** verdrängte Progressionsinhalte, Fremdenphobien, verdrängte Fremdenvorstellungen, fremdenfeindliche Grundanschauungen

| |
|---|
| β fotw: **fundierte Progressionsinhalte,** Hintergrundinhalte fremder, zukünftiger und ferner Art, expansive, forschende und variable Grundanschauungen |
| α fotw : **Vielerlei einzelne Progressionsinhalte,** Einzelkenntnisse und -erfahrungen bezüglich zukünftiger Dinge, Phänomene und fremder und ferner Gegebenheiten |
| **Tw: Sicherungsstruktur** |
| γ: **Sturheit,** *Retardation* Verlangsamung von Sprache und Vorstellung, Erstarrung, Verminderung der motorischen Aktivität bis zur Blockierung, Apathie und Desinteresse an der Zukunft kommen hinzu, Stuporerscheinungen, negativistische Haltungen, Katzenheimweh, Zukunftsphobien, |
| δ: **haltloses Schwanken,** *Traditions- und Vertrautheitsängste,* Wurzellosigkeit, Mangel an Standpunkt, Mangel an Bodenständigkeit, kann nicht nein sagen, Flucht Gewohntem und Vertrautem, ängstliche Standpunktschwäche, Neinsagen wird unmöglich. |
| β: **Gezwungenheit,** *Fixiertheit* Verfertigung, Trotz, Abwehr, Unelastizität, Phlegma, Sturheit, Gewohnheitenverhaftung, Traditionsfixierung, |
| α: **Stabilität,** *Bewahrung* Festigkeit, Selbstbehauptung, Traditionsgebundenheit, Traditions- und Besitzbedürfnisse, ökonomische Bedürfnisse, Phlegma, Gelassenheit, Beharrung, Beständigkeit, |
| γ rw: **Negativismus,** akinetische Reaktionen, Stuporerscheinungen, negativistische Haltung |
| δ rw: **Retentive Gehemmtheit,** Festigkeit und Eigenwillen sowie Beharrungsvermögen werden nicht entfaltet; ängstliche Standpunktschwäche sowie wurzel- und haltloses Schwanken sind die Folge, |
| β rw: **phlegmatisch-träge,** Verfestigung, Trotz, Abwehr, Phlegma, Sturheit, Unelastizität, Monotonie, Gleichförmigkeit |
| α rw: **Unbeirrbarkeit,** Festigkeit, retentiv, stetig, gleichmäßig, ausdauernd, beständig, beharrlich, |

| |
|---|
| γ nw: **Sicherungssucht,** verschrobene Sicherheitsbedürfnisse, Zukunftsphobien, krankhaftes Katzenheimweh, krankhaftes Kleben am Vergangenen |
| δnw: **verdrängte Sicherheitswünsche,** Bedürfnisse nach Erhaltung und Bewahrung des Vorhandenen und Naheliegenden werden nicht ausgebildet; Traditionen, Gewohntes, Übliches werden abgelehnt, da sich Ängste vor dem Sicheren und Vertrauten herausgebildet haben. |
| βnw: **Absolutheitssuche,** Gewohnheitsmensch, traditionsabhängig, vergangenheitsorientiert, |
| αnw: **Vertrautheitssuche,** Sicherheitsstreben, traditionell, konservativ, ökonomisch, |
| wkw: **Handlungskonformität** nach innen und außen |
| γbogw: **Lokale Wahnvorstellungen,** verschrobene Traditions- und Selbstverständlichkeiteninhalte, verschrobene Heimats- und Geborgenheitsvorstellungen und -zwänge |
| δ bogw: **verdrängte Selbstverständlichkeiten und Sicherungsinhalte,** verdrängte Traditionsinhalte, Angst vor Gewohnheiten und Verdrängung derselben, gewohnheitsabweisende Grundanschauungen |
| β bogw: **fundierte Sicherungsinhalte,** Wissens- und Erfahrungshintergrund für wirtschaftliche, finanzielle, traditionelle und ähnliche Inhalte, traditionelle, besitzwahrende und Sicherheit gebende Grundanschauungen |
| α bogw: **vielerlei einzelne Sicherungsinhalte,** Einzelkenntnisse und -erfahrungen auf wirtschaftlichem, finanziellen, traditionellem etc. Gebiet. |

Dazu gehören dann die folgenden Verknüpfungsformen der Komponenten und Elemente:

| ***Komponenten*** | ***Wirkungsbereiche*** |
|---|---|
| ***Gruppe im Umgang mit sich selbst*** | |
| zw: Zyklothymie – sw: Schizothymie | =Ayw: Selbstbehauptungsstil |
| zw: Zyklothymie + sw: Schizothymie | =2Aysw: Selbstbehauptungsstruktur |
| ew: Extraversion – jw: Intraversion | =Uyw: Weltzuwendungsstil |

| | |
|---|---|
| ew: Extraversion + jw: Intraversion | =2Uysw: Umgangsweise |
| lw: vitale – gw: geistige Trends | =Lew: allgemeine Lebenseinstellung |
| lw: vitale – gw: geistige Trends | =2Lesw: Lebensauffassung |
| ww: weltliche – tw: taxonomische Trends | =Sow: Reaktionstrend |
| ww: weltliche + tw: taxonomische Trends | =Sosw: Einstellung zur Umwelt |
| ***Gruppe im Umgang mit der sozialen Welt*** | |
| vw: Versatilität – hw: Conjunktivität | =Byw: Bindungsstil |
| vw: Versatilität + hw: Conjunktivität | =2Bysw: Gefühlsstruktur |
| Aw: Aktivität – pw: Pathik | =Gyw: soziale Beziehungsgestaltung |
| aw: Aktivität + pw: Pathik | =2Gysw: soziale Handlungsweise |
| uw: kulturelle – xw: Individuations- Trends | =Sgw: kulturelle Ausrichtung |
| uw: kulturelle + xw: Individuations -Trends | =2Sgsw: soziale Lebenseinstellung |
| bw: Bewältigungs- - cw: caritative Trends | =Gwe: soziale Zielsetzung |
| bw: Bewältigungs- + cw: caritative Trends | =2Gsew: soziale Handlungsstruktur |
| ***Gruppe im Umgang mit den Dingen und Aufgaben*** | |
| mw: Sanguinik – dw: Melancholie | =Syw: Situationserfassung |
| mw: Sanguinik +dw: Melancholie | =2Sysw: Reaktionsstruktur |
| kw Kaptation – rw: Retention | =Eyw: Arbeitsstil |
| kw: Kaptation + rw: Retention | =2Eysw: Arbeitshaltung |
| qw: qualitative – ow: Ordnungstrends | =Waw: Wahrnehmungsweise |
| qw: qualitative + ow: Ordnungs- Trends | =2Wasw: Weltbetrachtungsweise |
| fw: Expansions- - nw: Bewahrung- Trends | =Orw: Orientierungsweise |
| fw: Expansions- + nw: Bewahrung- Trends | =2Orsw: Handlungsweise |
| ***Elementenstrukturen*** | |
| Pw: Vitalstruktur – Rw: Vernunftstruktur | =Sbgw: Selbstbestimmung |
| (Pw: Vitalstruktur + Rw: Vernunftstruktur)/2 | =Sbsw: Selbstbetrachtungweise |
| Uw: Umweltbeziehung – Üw: Weltbewertung | = Sägw: Selbstäußerungsweise |
| (Uw: Umweltbeziehung + Üw: Weltbewertung)/2 | = Säsw: Weltverhältnis |

| (Sbw+Säw)/2 | = Egw: Selbsterlebensstil |
|---|---|
| (Sbws+Säws)/2 | = Egsw: Einstellung zur Welt an sich |
| Kw: Kulturbeziehung – Bw: Bindungsstruktur | = Gegw: Gruppenbeziehungsweise |
| (Kw: Kulturbeziehung + Bw: Bindungsstruktur)/2 | = Gesw: Gruppenbeziehungsstruktur |
| Gw: Gestaltungsweise – Sw: Sozialstil | = Gbgw: Bewältigungsweise |
| (Gw: Gestaltungsweise + Sw: Sozialstil)/2 | = Gbsw: Bewältigungsstruktur |
| (Gew+Gbw)/2 | = Mnw: sozialer Begegnungsstil |
| (Gews + Gbws)/2 | = Mnsw: soziale Begegnungshaltung |
| Ew: Situationshaltung – Ow: Systemstruktur | = Wegw: Welterfassungsstil |
| (Ew: Situationshaltung + Ow: Systemstruktur)/2 | = Wesw: Weltauffassungsweise |
| Fw: Handlungsweise – Tw: Sicherungsweise | = Wbgw: Aufgabenbewältigungsstil |
| (Fw: Handlungsweise + Tw: Sicherungsweise)/2 | = Wbsw: Aufgabenbewältigungsstruktur |
| (Wew+Wbw)/2 | = Wtw: Problemlösungsweise |
| (Wews+Wbws)/2 | =Wtsw: Umgang mit Dingen und Aufgaben |
| (Summe der pragmatischen Komponenten)/12 | = Dyw: mittlere dynamische Struktur (Temperament) |
| (Dw/iDw) | = Dygw: dynamische Stabilität |
| (Summe der semantischen Komponenten)/12 | = Myw: mittlere Bedürfnisstruktur (Bedürfnisse) |
| (Mw/iMw) | = Mygw: Bedürfnisstabilität |
| (Egw+Mnw+Wtw)/3 | = INW: Gesamterscheinungsbild |
| (Summe der Elementenwerte)/12 | = Inw: Grundstruktur |
| Inw'/Inw'' | Ingw: Grundstrukturstabilität |
| ***VyW. Potential zur Bewältigung*** | ***gruppeninterner Konflikte*** |
| vlw: Linearität, Machtgradient | |
| vpw: Eindrucksvielfalt, Klassenvielfalt | VyW= $100*e^{(vlw*vpw*vkw/729)-1}$ pkt |
| vkw: Aufgabenvielfalt, Arbeitsteilungsgrad | |
| ***IyW. Ordnungsbildungs- u. Kohäsionspotential*** | |
| dkw: Intransparenz, Konformität | |

| dpw: Klassendurchlässigkeit | $IyW = 100 * e^{(dkw*dpw*dew/729)-1}$ pkt |
|---|---|
| dew: Rollenabgrenzungsgrad | |
| ***FyW. Außenwirkungspotential*** | |
| ffw: Einfühlungsfähigkeit der Gruppe | |
| fhw: Codedifferenziertheit | $FyW = 100 * e^{(ffw*fhw*fkw/729)-1}$ pkt |
| fkw: Handlungs- und Reaktionsdifferenziertheit | |
| ***WyW. Abgrenzungspotential nach außen*** | |
| wew: Wahl- und Entscheidungskonformität | |
| wmw: Codekonformität | $WyW = 100 * e^{(wew*wmw*wkw/729)-1}$ Pkt |
| wkw: Handlungs- und Reaktionskonformität | |

Auf dieser Basis kann man Sozialsysteme, ihre Steuerung und Strukturen umfassend beschreiben und analysieren, wenn man die obigen Verknüpfungsregeln beachtet. Wichtig ist dabei, daß man niemals ohne Analyse der Komponenten und ihrer Zustände das Gesamtergebnis, das allgemeine Erscheinungsbild interpretieren und etwaige Veränderungen ansetzen sollte. Dieser Fehler wird nur zu leicht von Ideologen aller Schattierungen gemacht, mögen sie kirchlicher, parteipolitischer oder ökologischer Natur sein. Sie arbeiten zwar mit einem annähernd richtigen Gesamtergebnis, wenn sie dieses aber interpretieren, abwandeln und verändern wollen, müssen sie damit rechnen, daß grundlegende Komponenten und -zustände sich ändern, daß Effekte entstehen, die zu noch größeren Katastrophen führen, die sie keineswegs gewollt haben, die aber aufgrund ihrer Leichtfertigkeit und Oberflächlichkeit entstehen mußten, weil es sich hier um ein hochkomplexes chaotisch-deterministisches System handelt. Das lehren dann insbesondere die Erkenntnisse der Chaosforschung.

# Das sozialpsychologische Spektrum[6]

Wenden wir uns nun den für unser Thema sehr wichtigen Merkmalformen der Gruppen zu[7], so stoßen wir zunächst auf die Tatsache, daß sich im Zuge der Gruppenbildungen im allgemeinen ein Normensystem entwickelt. Dieses Normensystem dient der Gruppe zur Abgrenzung gegenüber anderen und zur Ausrichtung ihrer Mitglieder und des Handelns derselben. Hofstätter spricht in diesem Zusammenhang vom sozialpsychologischen Spektrum. Es umfaßt die Grundanschauungen, die nach innen und außen dem Urteilen, Reden und Handeln zugrundegelegt werden. Im allgemeinen bilden sie sich im Laufe der Gruppenentwicklung heraus und wandeln sich auch mit den Zeitläufen. Veränderungsraten werden dabei einerseits von den Außenverhältnissen, andererseits sowohl von der Gruppengröße (Massenträgheit) als auch von der Rigidität der vorhandenen Normen bestimmt. Diese Grundanschauungen nehmen die Mitglieder im allgemeinen im Laufe ihrer psychischen Entwicklung in die entsprechenden Speichersektoren auf. Dort ruhen sie bis entsprechende Situationen und Umstände sie aktualisieren.

Während in kleineren Gruppen die Grundanschauungen im allgemeinen für alle Mitglieder im Gruppenwirkungsbereich die gleichen sind, kommt es in größeren Gruppen durchaus vor, daß verschiedene Klassen innerhalb solcher Gruppen stärkere Unterschiede der Grundanschauungen aufweisen. Das gilt dann insbesondere für Großgruppen wie Gesellschaften. In solchen Fällen spricht man dann von pluralistischen Gesellschaften oder Gruppen. Je pluralistischer eine Gruppe ist, desto unterschiedlicher werden die Reaktionen in ihr und von ihr. Desto eher wird sie oder werden Teile von ihr zum Konsens mit anderen Gruppen oder Gruppenteilen kommen können und bereit sein. Allerdings ist damit auch die Gefahr innerer Spannungen verbunden, die evtl. zum Zerfall der Gruppe führen können. Am schwierigsten wird dagegen die Verständigung zwischen konformen Gruppen deutlich

---

[6] der Ausdruck stammt von P.R. Hofstätter aus seiner "Einführung in die Sozialpsychologie" 2. Aufl. Stuttgart 1979

[7] diese liegen neben den syntaktischen Komponenten vor allem in den sigmatischen Komponenten.

unterschiedlicher Grundanschauungsspektren. Zwischen ihnen kommt es dann häufig zu gravierenden Konflikten, die starke Widersprüche in sich bergen, die oft in aggressiver Weise zum Ausbruch kommen. So sind die Konfliktherde zwischen pluralistischen Gesellschaften im allgemeinen weniger gefährlich als zwischen konformen. Dabei muß man auf seiten der konformen Gesellschaften scharf zwischen zwei Formen unterscheiden, nämlich den „Gesinnungs"- und den „Zwangs"-Gesellschaften. Während in Zwangsgesellschaften, etwa diktatorischen, meistens größere Gruppen von Dissidenten - wenn auch nicht offen - vorhanden sind, finden sich in Gesinnungsgesellschaften solche kaum und wenn, sind sie ständig an Leib und Leben gefährdet.

Neben diesem sigmatischen Normenrahmen müssen naturgemäß auch die pragmatischen und semantischen Aspekte einer Gruppe berücksichtigt werden, also Verlaufsstil und Zielsetzungen, wie sie das obige Beschreibungssystem zeigt. Das umsomehr, als von ihnen auch abhängt, in welchem Umfang und in welcher Richtung und wie diese Grundanschauungen verwirklicht werden. Das alles muß man sich stets vor Augen halten, wenn man sich mit den Grundanschauungen einer Gesellschaft oder Gruppe beschäftigt und die Folgen zu überschauen versucht.

Bei den Grundanschauungen unterscheidet man im Sinne des sozialpsychologischen Spektrums von Hofstätter zwischen:

- Tabus
- Selbstverständlichkeiten
- Moden
- Verboten
- entschuldigenden Krankheiten

Mit ihnen müssen wir uns daher in den folgenden Abschnitten näher beschäftigen, da sie großen Einfluß auf das Gruppen- und Integrationsgeschehen ausüben.

## Tabus

Tabus sind jene Inhalte, die keines der Gruppenmitglieder berühren darf, weder konkret noch sprachlich und abstrakt. Über Tabus spricht man nicht. Das läßt sich in konformen Gruppen durchsetzen und weitgehend einhalten. In pluralistischen Gruppen muß man damit rechnen, daß nicht alle Mitglieder die gleichen Inhalte als Tabus betrachten. Verletzungen der Tabus von Untergruppen können daher hier zu erheblichen Spannungen und Konflikten führen, ohne daß ein solcher Konflikt im Sinne der Tabuisierung wie bei konformen Gruppen gelöst werden kann. Infolgedessen verblassen die Tabus hier häufig, d.h. sie werden zwar im allgemeinen in der jeweiligen Untergruppe beachtet, aber Tabuverletzungen nicht mehr so streng geahndet. Die Spannungen treten aber immer wieder hervor, wenn Fremde sich auf dem Gebiet anderer Gruppen niederlassen, wie es etwa bei Zuwanderungen der Fall ist. Besonders gravierend wird dieses, sobald diese Zuwanderer in größeren konformen Gruppen auftreten, die ihnen Rückhalt geben und dazu führen, daß sie „jede" Rücksicht und Vorsicht gegenüber den Gastgebern fallen lassen.

In der klassischen konformen Gruppe bzw. Gesellschaft führt der Verstoß gegen ein Tabu zum Ausschluß des Frevlers. Er wird in Acht und Bann getan, wird für vogelfrei erklärt. Jedes Gruppenmitglied, das ihn antrifft, ist berechtigt, hier und dort auch verpflichtet, den Frevler zu töten, ohne sich damit eines Tötungsdelikts schuldig zu machen, was viele Grausamkeiten im Zuge religiöser Bekehrungsfeldzüge verständlich macht. Da in vielen Fällen die benachbarten Gruppen gleiche oder ähnliche Tabus anerkannten, fand der Frevler nur selten Unterschlupf bei anderen, war also meistens dem Tode geweiht.

In späteren Stadien der menschlichen und kulturellen Entwicklung wirken sich Tabuverstöße oft nicht mehr so gravierend aus, wenn man sich auch darüber klar sein muß, daß die Tabus aufgrund ihrer emotionalen Natur kaum oder nur sehr langfristig zu verändern sind. Erstens finden sich in der Nachbarschaft mehr und mehr unterschiedliche Formen. Zweitens wird es für Frevler leichter, entferntere Gruppengefilde zu erreichen und dort zu überleben. Mit zunehmender Kultivierung der Gesellschaften treten an die Stelle derartiger Formen geschriebene Gesetze nach dem Territorialitätsprinzip[8], die klare Strafen und bestimmte Strafmaße innerhalb der Gesellschaft vorschreiben. Das Tabu in seiner ursprünglichen Bedeutung verliert an Wirkung, wenn auch innerhalb von Teilgrupppen dieser Gesellschaft informell solche Tabus erhalten bleiben und ihre Verletzung zum Ausschluß aus der Teilgruppe führt. Nur vogelfrei wird der Frevler dann nicht, weil derjenige, der ihn töten würde, nach dem Gesetz der Gesamtgesellschaft ein Tötungsdelikt begeht. Damit kommen wir aber schon in den Bereich der Verbote.

Im Falle von Zuziehenden jeder Art müssen wir in der BRD damit rechnen, daß Tabus in den Gemeinschaften der Zuziehenden noch ein stärkerer emotionaler Faktor sind. Und da die Einheimischen dieses nicht wissen und die entsprechenden Tabus nicht kennen, steigt die Gefahr, daß sie die Tabus der Fremden verletzten und damit Konflikte auslösen. Dann aber wehren sich die Einheimischen selbstverständlich gegen die daraus folgenden Ein- und Übergriffe der Fremden, die sich wiederum völlig im Recht fühlen. Das heißt, man sollte möglichst keine Zuwanderer mit stark abweichenden Tabus und fundamentalistischen Taburitualen aufnehmen.

Bevor wir zu den Selbstverständlichkeiten übergehen, seien jedoch noch einige Beispiele für Tabus und deren Quellen in unterschiedlichen Gruppen genannt:

- Gotteslästerung
- Nihilismus
- Herkunftszweifel
- Inzest
- Tötung(stabu) eigener Mitglieder
- Sexualinhalte
- Bibel
- Koran

[8] dieses wird heute teilweise durchbrochen, wenn in fremden Ländern Verstöße gegen eigene Gesetze bei Rückkehr ins Inland verfolgt und bestraft werden.

- Überlieferungen aller Art

Verstärkt tauchen Tabutendenzen in jüngster Zeit in fundamentalistischen Kreisen, und das speziell in religiös bestimmten und beeinflußten Gruppen und Gesellschaften wieder auf und machen keineswegs Halt bei ihrem Eindringen in säkularisierte Gesellschaften wie der unsrigen. Das führt dann zunächst zu Spannungen mit der einheimischen Bevölkerung und erst in sehr extremen Fällen auch zu solchen mit der Gesellschaft, mit dem Staat, wie im Falle des Kaplans von Köln. Gerade solche Fälle sollten allerdings den Politikern zu denken geben. Zwar sind sie einstweilen nur die Spitze eines Eisberges, aber darunter deuten sich die zukünftigen Spannungen und Konflikte schon an, mit denen wir zu rechnen haben.

## Selbstverständlichkeiten

Im Gegensatz zum Tabu, das unberührbar bleibt, umfassen die Selbstverständlichkeiten Inhalte, die durchaus erwähnenswert sind, über deren absolute Gültigkeit aber nicht zu diskutieren ist. Dazu gehört alles das, was man - im Sinne von jedermann - nicht nur tut, sondern auch denkt. So gibt es dann auch heute noch Gruppen, in denen es selbstverständlich ist, daß die Sonne sich um die Erde dreht und diese eine Scheibe ist. Auch teleologische Betrachtungsweisen - im Gegensatz zu kausalen - sind in vielen Gruppen auf dieser Welt selbstverständlich, so daß andersartige Betrachtungs- und Diskussionsweisen für abartig, ja für „idiotisch", ja für ketzerisch und sündhaft gehalten werden, wie es früher einmal in Mitteleuropa auch war. Ähnliches gilt auch für die wissenschaftlichen Erkenntnisse der westlichen Welt, vor allem sobald sie religöse Auffassungen tangieren. Und das findet sich nicht nur in nichtchristlichen, sondern auch in christlichen Gesellschaftsschichten. Auch innerhalb der westlichen Industriegesellschaften beobachten wir dieses heute wieder besonders deutlich, sobald es um technischen Fortschritt, speziell in der Biotechnologie und Genforschung geht. Aber nicht nur grundlegende weltanschauliche Denkweisen, sondern auch alltägliche Handlungsweisen finden sich in den Selbstverständlichkeiten von Gruppen und

Gruppierungen. Und was für einen SPD-Anhänger selbstverständlich ist, ist evtl. für einen Parteigänger anderer Art „unsinnig". Und schon ist der Streit entstanden. Diese Selbstverständlichkeiten müssen nichts mit rationalen, verstandesmäßigen Erkenntnissen zu tun haben. Im Gegenteil, die meisten Selbstverständlichkeiten in den Gruppen sind emotional geprägt und dementsprechend nur schwer zu verändern, schon gar nicht durch wissenschaftliche Erkenntnisse oder Beweise, die - wenn sie herangezogen werden - nur dazu führen, daß die Wissenschaft ins Zwielicht gerät und verflucht wird.

Diese Tatsache spielt insbesondere dort eine wichtige Rolle, wo es darum geht, Minderheiten in Mehrheiten zu integrieren. Dazu müssen die Menschen in den Minderheiten ja ihre Selbstverständlichkeiten aufgeben. Das ist ein sehr langwieriger Prozeß, der meistens Generationen braucht, worüber sich die Politiker in unserem Lande anscheinend nicht klar sind - oder wollen sie es nur nicht sehen? - Damit beschleunigen sie diesen Prozeß aber auch nicht. Sie lösen damit höchstens eine Scheinintegration aus, die mit verstärkter innerer Abkapselung gegenüber der Mehrheit und deren Vorstellungen einhergeht. Das wiederum verhindert im Endeffekt jede echte Integration. Integration muß einerseits von den Menschen der Minderheiten gewollt sein, etwa um der Vorteile wegen. Andererseits kommt es nur dort zu Integrationsbemühungen seitens der Minderheiten, wo Nichtintegration mit Nachteilen verbunden ist.

Unter diese Selbstverständlichkeiten fallen nicht nur die Formen und Inhalte der Welt- und Lebensbetrachtung, sondern auch die Art, wie man miteinander umgeht, das ganze alltägliche Zeremoniell ebenso wie die Vorstellungen, die man von den anderen, von fremden Gruppen und Lebensweisen hat. Diese Selbstverständlichkeiten verstellen oft den Blick für Veränderungen, aber sie entlasten auch die Gruppenmitglieder. Sie liefern die Denk- und Handlungsanweisungen für den Alltag. Sie entlasten die individuelle Informationsverarbeitung, die bald überfordert wäre, wenn sie in all diesen Fragen jeweils eigene Erkenntnisse und Handlungsformen entwickeln sollte. Soviel Zeit zum Nachdenken hat kein einzelner Mensch. Das Individuum braucht die Gruppe und ihre Selbstverständlichkeiten zum Überleben.

Das gilt auch für uns. Und überall dort, wo dieses gefährdet erscheint, entwickeln sich Gegenkräfte, die zu Spannungen führen. Es genügt dann ein kleiner Anlaß, gewissermaßen ein Funke und schon haben wir das schönste Feuerwerk. Der jeweilige Anlaß wirkt so unbedeutend, daß Fremdenfeindlichkeit und Rechtsradikalismus als Motive vermutet werden, die es gar nicht sind, aber keiner fragt nach den wirklichen Hintergründen. Und das macht dann alles nur noch schlimmer.

Verstößt nun ein Mitglied einer Gruppe gegen die geltenden Selbstverständlichkeiten, wird man ihm das mehr oder minder deutlich zu verstehen geben. Man ächtet den Nachlässigen nicht, zumal man davon ausgeht, daß man ihn zu einer Einhaltung der Selbstverständlichkeiten bekehren kann. Wenn aber ein Mitglied immer wieder solche Verstöße begeht, sich auch nicht belehren läßt, aber doch nicht grundsätzlich alle Selbstverständlichkeiten außer Acht läßt, wird er in die Rolle des Außenseiters abgeschoben. Man erklärt ihn gewissermaßen für nicht ganz normal und läßt ihn gewähren, solange er andere nicht gefährdet. Allerdings verträgt jede Gruppe nur einen kleinen Prozentsatz solcher Außenseiter - auf welchem Sektor auch immer -. Wächst dieser Prozentsatz über einen kritischen Wert, werden die Außenseiter ausgeschlossen, verlieren sie ihre Mitgliedschaft mit allen ihren Konsequenzen. Das führt für Zugewanderte dann ins Ghetto oder in die Diaspora.

## Moden

Sicher, Moden sind auch so etwas wie Selbstverständlichkeiten, aber keine grundlegenden, sondern sich wandelnde, zeitabhängige. Das heißt aber nicht, daß man sie einfach ignorieren kann. Wer zur Gruppe gehören will, der muß auch die augenblicklichen Zeitströmungen mitmachen, selbst wenn sie ihm widersinnig erscheinen. Im Gegensatz zu den Selbstverständlichkeiten kann er über die gerade herrschenden Moden auch diskutieren, ohne in Schwierigkeiten zu geraten. Und auch über die eine oder andere Modeerscheinung kann sich das Mitglied hinwegsetzen, ohne daß daraus ein Abdrängen in eine Außenseiterrolle folgen muß.

In pluralistischen Großgruppen werden Untergruppen oft gerade durch ihre Moden erkennbar. Unterschiedliche Modetrends vom Haarschnitt über die Kleidung bis hin zur außerberuflichen Betätigung treten hier hervor. Und wer genauer hinsieht, wird bald erkennen, welche Gruppen sich durch welche Modeerscheinungen zu profilieren versuchen. Allerdings wechseln diese Erscheinungsbilder dann auch oft sehr schnell. Und was heute in der einen Untergruppe Mode ist, hier morgen schon durch etwas anderes abgelöst wird, dient dann morgen einer anderen Untergruppe zur Kennzeichnung.

Auf längere Sicht entwickeln sich aus Moderichtungen hier und dort dann auch Selbstverständlichkeiten. Vielleicht liegt hierin eine Chance zu einer schnelleren Assimilation fremdartiger Gruppen in eine andere Gesellschaft. Dabei dürfte eine solche Assimilation in einer pluralistischen Gesellschaft insofern leichter fallen, als hier unterschiedlichste Moderichtungen und auch Selbstverständlichkeiten herrschen. Allerdings wird dadurch eine größere Flexibilität im Umgang erforderlich.

## Verbote

Je größer die Gruppen und Gesellschaften wurden, umso weniger konnten sie von einheitlichen Tabus und Selbstverständlichkeiten ausgehen, umso mehr mußten sie regeln. So entstanden zunächst ungeschriebene und schließlich geschriebene Gesetze, die das Zusammenleben regelten, und auch das zunächst im allgemeinen auf religiöser Grundlage. Und damit verbunden waren dann auch Vorschriften für das, was erlaubt bzw. verboten war. Gleichzeitig mit diesen Gesetzen wurden Institutionen geschaffen, die die Einhaltung der Vorschriften zu gewährleisten hatten. So bildeten sich im Laufe der Entwicklung Polizei und Gerichte in professioneller Form heraus bis hin zur Trennung von Staat und Religion, und das besonders dort, wo letztere in Form einer Kirche institutionalisiert war. Sie überwachten vor allem die Einhaltung der Verbote und verhängten bei Verstößen Strafen, die mehr oder minder präzise in den Vorschriften vorgeschrieben waren. Diese Strafen waren gegenüber und in der Gesellschaft zu leisten.

Die Strafen traten an die Stelle der Ächtung sowie der Zuteilung von Außenseiterrollen bzw. des Ausschlusses oder sonstiger Rachakte. Im Laufe der weiteren Entwicklung gingen dann auch humane Elemente in Strafarten und Strafverbüßung ein, insbesondere dort, wo ideologische Momente zurücktraten. In kleineren Gruppen, wie Vereinen werden solche Strafen in den Statuten ebenfalls vorgesehen, bleibt aber die Möglichkeit des Ausschlusses erhalten. Die Gesellschaften sehen teilweise eine Möglichkeit der Ächtung durch Aberkennung der bürgerlichen Rechte oder Ehrenrechte vor, die aber nichts mit Vogelfreiheit zu tun hat.

Während die Gesellschaften in Form der Staaten die Möglichkeit einer Vielzahl von Strafarten haben, wie etwa Haft, erschwerte Haft, Geldbußen, „Strafarbeiten", Entzug von Erlaubnissen usw., beschränken sich die Strafarten bei formalen Untergruppen auf Geldbußen, hier und dort noch Strafarbeiten und den möglichen Ausschluß. In manchen informellen Gruppen, besonders krimineller Art, stößt man dann wieder auf primitive Strafformen wie sie auch in religiösen Darstellungen zu finden sind.

## Krankheiten

Krankheiten haben für Gruppen keineswegs die Bedeutung, die wir ihnen in unserer individualisierten westlichen Welt zuschreiben. Krankheiten sind hier einmal als „Unfähigkeit", Gruppennormen zu erfüllen, und zum anderen als „Gefährdungen" der Gruppenmitglieder von Bedeutung. Das heißt aber auch, daß medizinische, wissenschaftliche Erkenntnisse zur Krankheit und zum Krankheitsgeschehen wenig oder gar keine Bedeutung haben. Es geht nicht darum, ob der Mensch im ärztlich-medizinischen oder psychologisch-therapeutischen Sinne krank ist. Es geht vielmehr darum, ob das Gruppenmitglied an einer Störung leidet, die nach „Meinung" der Gruppe ihn entschuldigt, Verbote nicht eingehalten zu haben oder Selbstverständlichkeiten nicht beachtet zu haben. Es geht also letztlich um das, was in der BRD der § 20 StGB regelt, um die Zurechnungsfähigkeit. In einem solchen Falle wird dem „Täter" von der Gruppe bzw. ihren Institutionen eine „Regelung" auferlegt, er aber von der vorgesehenen Strafe mehr oder minder verschont. Diese Regelung kann die Behandlung durch den Medizinmann, einen Arzt oder Therapeuten ebenso sein, wie das Wegsperren, wenn Wiederholungsgefahr droht.

Rechnet die Gruppe damit, daß der „Täter" aufgrund seiner Krankheit für andere Mitglieder und deren Verhalten eine Gefahr darstellt, so wird die Gruppen dafür sorgen, daß er mit den anderen nicht mehr in Berührung kommt. Sie wird ihn also entfernen oder wegsperren, wenigstens bis zur „Ausheilung der Krankheit".

Während diese Situation in der Gesellschaft der BRD durch den erwähnten Paragraphen und entsprechende weitere gesetzliche Vorschriften geregelt ist, finden sich in Untergruppen völlig andere Regeln und Maßnahmen. Dazu braucht man nur an die unterschiedlichen Gepflogenheiten in verschiedenen Unternehmen beim Umgang mit Fehlzeiten zu denken. Sicher, rechtlich sind die Unternehmen an die Vorschriften des Staates gebunden. Das ändert aber nichts daran, daß hier und dort ein krankgeschriebener Mitarbeiter solange als Simulant angesehen wird, solange er nicht mit dem Kopf unterm Arm daherkommt. Entsprechend sind dann auch die Reaktionen der anderen Betriebsmitglieder, während in anderen Unternehmen vernünftigerweise darauf geachtet wird, daß auch leichte grippale Infekte ausgeheilt werden, bevor der Erkrankte andere anstecken kann. Doch das nur als Beispiel für unterschiedliche Begriffe zur „entschuldigenden Krankheit" in verschiedenen Gruppen bei uns in heutiger Zeit.

## Prozesse

Im Zuge der Gruppenbildung sind nun eine Reihe von Prozessen zu beobachten, die für das Innenleben und die Begegnung mit der Außenwelt erhebliche Bedeutung gewinnen, denn sie bestimmen die Einzigartigkeit der betreffenden Gruppe. Sie stellen wichtige Unterscheidungsmerkmale gegenüber anderen Gruppen her und ergänzen die von seiten des sozialpsychologischen Spektrums bestimmten Grundanschauungen. Dazu gehören dann unter anderem:

- syntaktische Innenkomponenten
- syntaktische Außenkomponenten
- Techniken des Umgangs und der Beeinflussung

## Innere Strukturbildung

Jede Gruppe enthält in ihrem Bildungsprozeß den Keim einer besonderen Eigenstrukturbildung. Das betrifft einmal die Grundanschauungen, gewissermaßen in Form des Grundprinzips und damit auch schon die Frage der Konformität als Strukturkennzeichen. Daneben findet man zugleich Hinweise auf die späteren Machtverhältnisse, sei es im Vergleich der sich zusammenschließenden Personen, sei es in der Begründung der Formalgruppe selbst.

Von hier aus entwickeln sich dann weitere organisatorische Funktionen, etwa die Rollen und die Rollenverteilung. Das heißt die Aufgaben der Gruppe werden mehr und mehr explizit formuliert bzw. gestellt und die Träger dieser Aufgaben bestimmt. Damit wird den Mitgliedern zugeteilt, was man von ihnen erwartet, welches Verhalten die Gruppe von ihnen verlangt. Um Überschneidungen und Doppelbesetzungen zu vermeiden, werden diese Rollen - entstanden im Zuge der Arbeitsverteilung - dann mehr oder minder scharf gegeneinander abgegrenzt, sowohl von den Aufgaben her als auch von den damit verbundenen Kompetenzen und der Bedeutung innerhalb der Gruppe. Damit sind dann die Grundlagen für das Organisationsniveau der Gruppe gelegt, das man nach dem Prozentsatz der Rolleninhaber bestimmen kann, die eine spezielle Stellung in der Gesamtgruppe einnehmen[9]. Im Gefolge dieser Festlegungen, die im Laufe der weiteren Gruppenentwicklung durchaus veränderbar sind, bestimmt sich dann auch die Vielfalt der Inhalts-

[9] vgl. Delay/Pichot: Medizinische Psychologie, S. 322; dtv Ausgabe 1970

und Niveaugruppen, die man als Klassenvielfalt bezeichnen kann, ebenso auch, wie starr die Mitglieder an ihre Klasse gebunden sind, d.h., welchen Grad von Klassendurchlässigkeit, von Auf- und Abstieg sowie Quereinstiegen den Mitgliedern zugestanden wird. Das Ergebnis sind dann im Sinne des Modells einmal VyW, also das Potential zur Bewältigung gruppeninterner Probleme, also der innere Organisationsgrad, zum anderen IyW das Ordnungs- und Kohäsionspotential, das der Gruppe intern zur Verfügung steht.

Bestimmt von den Werten des sozialpsychologischen Spektrums und den inneren Potentialen entwickeln sich darüber hinaus Funktionen für den Umgang mit der Außenwelt. Und dazu gehört zunächst einmal das "Fingerspitzengefühl", Verständnis oder Einfühlungsvermögen gegenüber der Umwelt, insbesondere auch der Umwelt der anderen Gruppen. Ist dieses hoch, erleichtert es der Gruppe, die Belange in der Umwelt zu erfassen, würde sie jedoch zum Spielball der Umwelt machen, wenn nicht gleichzeitig genügend Entscheidungskonformität vorhanden wäre. Ähnliches gilt für Code und Handlungsweisen, einerseits hilft Differenziertheit zur Vielfalt der Möglichkeiten, andererseits birgt sie die Gefahr der Zersplitterung der Kräfte. Dem wirken dann Konformitätszüge entgegen. Und so bilden sich FyW als Außenwirkungspotential und WyW als Abgrenzungspotential der Gruppenorganisation aus.

In diesem Sinne wirken sich die Grundmerkmale der Gruppen auf ihre Mitglieder und deren Verhalten - speziell im Gruppengeschehen, hier und dort auch außerhalb der Gruppe aus. Das heißt aber, daß man sorgfältig zwischen der Persönlichkeit der Individuen und deren Verhalten oder **X-Verhaltensperson** im Einflußbereich der unterschiedlichen Gruppen, denen es sich im Augenblick des Tuns zugehörig fühlt, unterscheiden muß. Das bedeutet auch, daß man nach Wegen suchen muß, bei bekannter Persönlichkeit das X-Verhalten als Mitglied einer Gruppe X zu beschreiben, ein bisher noch nicht gelöstes Problem.

Für das Verhalten und die Wirkungen von Gruppen spielt der Informationsfluß eine beträchtliche Rolle. Dieser wird im allgemeinen mit dem Soziogramm beschrieben, obwohl diese Möglichkeit recht begrenzt ist, da sie nur eine zweidimensionale Darstellung erlaubt. Betrachten wir dazu die grundlegenden Formen, so lassen sich die folgenden unterscheiden:

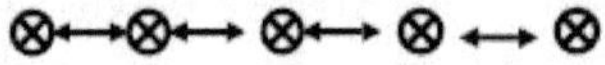

kettenförmig

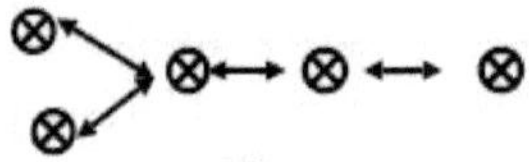

y-förmig

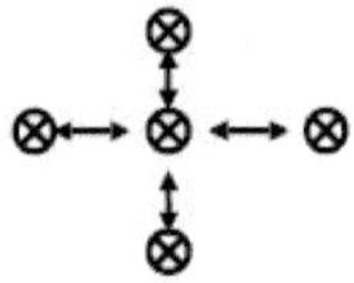

radförmig

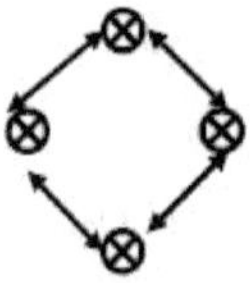

kreisförmig

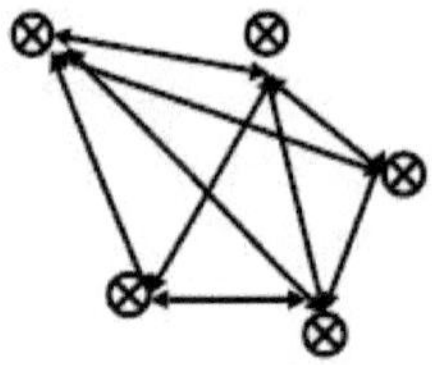

netzförmig

Diese unterschiedlichen Informations- und damit Kontaktwege üben erheblichen Einfluß im inneren Gefüge der Gruppen aus. Geht der Informationsfluß zudem nur jeweils in eine Richtung, so besteht für die Führung die Gefahr der Erblindung..., weil keine Reaktion folgt, aber auch die der Demotivation auf seiten jener, die von der Informationsabgabe bzw. -ausgabe ausgeschlossen werden. Bei zweiseitiger Information, wie oben dargestellt, bieten Sternsysteme erhebliche Vorteile, sobald es auf bestimmte und nicht einseitige Entscheidungen ankommt. Netzsysteme, bei denen alle am Informationsprozeß aktiv wie auch passiv teilnehmen müssen, sind besonders vorteilhaft in der Entwicklung, aber auch in Bildung und Ausbildung. Kreissysteme lassen sich mit Vorteilen bei Lernprozessen - besonders in der Zweckbildung

- nutzen, und zwar in Form von Gruppenarbeit, wobei der Lehrende eines der Glieder ist, und zwar das, von dem die ersten Impulse ausgehen und bei dem die Ergebnisse wieder ankommen. Die Radform spielt insbesondere dort eine wichtige Rolle, wo Stäbe als Beratungs- und Hilfsgremien eingesetzt sind. Und gerade in dieser Hinsicht unterscheiden sich demokratische und nichtdemokratische Gruppen entscheidend.

## Gruppendynamische Wirkungen

Eine besonders intensiv untersuchte - meistens allerdings nur in Kleingruppen - Wirkung der Gruppenbildung sind die sog. gruppendynamischen Prozesse. Dazu gehört die Gruppenentscheidung. Eine solche Gruppenentscheidung beeinflußt das Verhalten der Gruppenmitglieder tiefgreifender als eine individuelle Beeinflussung der einzelnen Personen. Und soweit die Gruppenmitglieder annähernd gleich befähigt sind, ist die Entscheidung der Gruppe im allgemeinen der Entscheidung einer einzelnen Person überlegen, sobald es sich um sog. Bestimmungsprobleme handelt, bei denen es darum geht, etwas festzulegen, ein realitätsgerechtes Soll zu bestimmen.

Hier und dort erweist sich die Produktivität einer Gruppe der Summe der Produktivitäten von Einzelpersonen überlegen, wobei die Gruppennormen und Grundanschauungen in der Gruppe von erheblicher Bedeutung sind. Voraussetzung ist auch, daß das Kommunikationsnetz ungestört ist und jedes Gruppenmitglied optimal arbeitet. Das aber ist keineswegs gewährleistet, zumal in der Gruppe der Tatbestand des *sozialen Bummelns*[10] wirksam wird, und zwar bei männlichen Gruppenmitgliedern eher als bei weiblichen. Es wächst das soziale Bummeln mit wachsender Gruppengröße. Hierbei kommen dann häufig auch leistungsdämpfende Normen informeller Gruppenbildungen und -selbstverständlichkeiten hinzu.

In Bezug auf andere Gruppen wird die eigene zur „Wir"- oder „In"-Gruppe, die andere zur „Out-"Gruppe. Dabei findet eine sog. In-Group-Verzerrung statt, bei der die eigene Gruppe als die bessere und überlegenere

---

[10] vgl. Zimbardo: Psychologie, 6. Aufl. S. 725

erlebt wird. Zimbardo führt dazu aus[11]: *„Dieses Experiment und andere Untersuchungen zeigen, daß es ausreicht, Menschen nach willkürlichen Kriterien in verschiedenen Gruppen zu kategorisieren, um eine Änderung der Einstellungen zu verursachen. Sie beginnen, die eigene Gruppe, die in-group zu bevorzugen und als überlegen zu betrachten, und sie entwickeln Feindseligkeit gegenüber der out-group, die als minderwertig wahrgenommen wird."* Damit kommt es zu den bekannten Abgrenzungsbestrebungen zwischen Gruppen, sei es durch Hervorhebung unterschiedlicher sozialer Normen, durch Umdefinitionen des Bekannten, durch verzerrte Betrachtungen der Rollenverhältnisse in der In- und der Out-group sowie durch vermehrte Stereotype als Kennzeichnung der anderen Gruppe.

Dementsprechend werden zum Zwecke der Selbstbehauptung vielfach Gruppennormen variiert, auch Grundanschauungen anders als bisher akzentuiert. Darüber hinaus kommt es zu Abwertungen der Out-group und ihrer Mitglieder bis hin zu einer Dehumanisierung als Basis für: *„antisoziale Verhaltensweisen werden für normale aufrechte und idealistisch eingestellte Menschen dann möglich, wenn sie aufhören, andere als Wesen wahrzunehmen, die gleich ihnen Gefühle, Gedanken und Ziele im Leben haben. Solch eine psychische Verneinung menschlicher Qualitäten wird als* ***Dehumanisierung*** *bezeichnet."*[12] Diese Dehumanisierung kann sozial auferlegt werden, etwa dadurch, daß Namen durch Nummern[13] ersetzt werden, kann der Selbstverteidigung dienend zur Vermeidung schmerzhafter Emotionen und innerer Belastung entwickelt werden oder aber - wie besonders häufig in der Politik - zur Entwicklung eines Feindbildes von der Führung als Mittel zum Zweck eingesetzt werden. Das zeigt auch ein gezielter Blick auf eine Vielzahl sog. „parlamentarischer Untersuchungsausschüsse".

Eng damit verbunden ist dann auch die Tendenz zur Entindividuation der Mitglieder einer Gruppe. *„Als Deindividuation werden bei einer Person der Zustand und der Prozeß, die der Individuation entgegengesetzt sind, be-*

---

[11] Zimbardo a.a.O. S. 729, wobei sicher nicht persönlichkeitsspezifische, sondern verhaltensspezifische Einstellungen gemeint sind.

[12] Zimbardo: a.a.O. S. 718

[13] Dazu gehört auch die Trennung in „Gläubige" und „Ungläubige".

*zeichnet, also die Reduzierung der Selbst-Identifizierbarkeit und Selbstaufmerksamkeit."*[14] Dieser Prozeß erfolgt einmal im Zuge von Verantwortlichkeitshinweisen im Rahmen der Anonymisierung, die ihrerseits die Aggressivität des Verhaltens nach außen steigert, aber ganz allgemein die emotionale Ausdrucksweise fördert. Auch durch gesteigerte emotionale Erregungen, Drogen, Hypnose, rituelle Tänze und Riten aller Art können solche Erscheinungen gefördert werden, indem die Selbstaufmerksamkeit reduziert wird.

Bei alledem kommt dem, was man im Arbeitsleben Betriebsklima nennt, besonders große Bedeutung zu. Sicher, dieses Betriebsklima ist eine fiktive Größe, die vor allem auch von der Persönlichkeit des jeweiligen Menschen und seinem Erleben der Umstände abhängt. Dennoch wird man Änderungen anstreben, wenn eine große Zahl von Gruppenmitgliedern mit diesem Klima unzufrieden ist. Um das festzustellen, bedient man sich anonymer Umfragemethoden. Zweckmäßigerweise benutzt man dazu einen Fragebogen. Dann erhält man bei entsprechender Gestaltung neben dem mittleren Erlebniswert (Mittelwert) Ergebnisse für die Einschätzung der Sozialstruktur in der Gruppe, Abteilung usw. in einer Skala von 1 bis 9. Die Sozialstrukturwerte findet man dabei für:

- L: Leitungserleben
- A: Aufgaben- und Betätigungserleben
- M: Erleben und Bewertung der Gruppenmitglieder oder Kollegen
- U: Umgebungs- und Umwelterleben
- S: Erleben der Stellen- und Betätigungsbedingungen
- P: Erleben der „Personalarbeit und Führungsprinzipien"
- O: Erleben der formalen sowie der informellen Organisation[15]

Wie diese Bedingungen und Umstände dann objektiv aussehen und welche Einflüsse von ihnen wirklich ausgehen, ermittelt man mit einer Sozialstrukturanalyse, die sich allerdings nicht auf die Steuerungsmechanismen der Gruppen, sondern nur auf ihr Verhalten bezieht.

---

[14] Zimbardo: a.a.O. S. 717

[15] Näheres dazu findet sich in Waszkewitz: Up to Date 2002, Datei 04 Personalmanagement, Stuttgart 2002

Wir haben es also mit einer Vielzahl von Gruppenerscheinungen zu tun, denen wir in vorhandenen und entstehenden Gruppen immer wieder begegnen, und die bei allen Überlegungen zur Multikultur unbedingt beachtet werden müssen.

# Der Istzustand in unserem Lande

## Die Basisgruppen

Um die bestehenden Probleme zu erkennen und kommende genauer abschätzen zu können, muß man zunächst über den Istzustand Bescheid zu wissen. Das heißt aber, daß man unsere Gesellschaft und ihre Teile analysieren muß. Das ist im einzelnen, wie das obige Beschreibungssystem zeigt, sehr aufwendig. Dazu gehört außerdem ein entsprechendes Analyseverfahren, wie das folgende:

**GRUPPEN - ANALYSE (DS 2.2.)**

**Anweisung:** Bitte beantworten Sie jede Frage bzw. Feststellung, indem Sie den zutreffenden Wert in Spalte A durchstreichen (/) oder in Spalte I eintragen, wobei folgende Skala gilt:

1= fehlend, eher das Gegenteil

2= gering, selten, unterdurchschnittlich

3= teilweise, manchmal, mittel, weiß nicht

4= weitgehend, häufig, markant

5= ja, unbedingt, ausgeprägt, sehr stark, stets, überragend;

**Gruppe:**

| Nr. | I | A | Fragestellung |
|---|---|---|---|
| 001 | | 1 2 3 4 5 | Verfügt über vielerlei eigene Erfahrungen im täglichen Leben, verfügt über vielerlei spezifische Kenntnisse aus dem Alltagsleben und Alltagsgeschehen |
| 002 | | 1 2 3 4 5 | Verfügt über vielerlei philosophisches Kenntnisgut, kennt viele spezielle Schriften und Inhalte philosophischer Autoren und auch die Bedeutung der von ihnen benutzten Termini |
| 003 | | 1 2 3 4 5 | Verfügt über breite und Vielzahl von eigenen Einzelkenntnissen von der Gesellschaft, von den Vorgängen in Staat und Gemeinde und den geltenden Vorschriften |

| | | |
|---|---|---|
| 004 | 1 2 3 4 5 | Verfügt über Breite und Vielzahl von eigenen Einzelkenntnissen weltanschaulicher Inhalte, d.h. moralischer, sittlicher, aber auch religiöser Vorstellungen ebenso wie politischer |
| 005 | 1 2 3 4 5 | Verfügt über vielerlei eigene historische (geschichtliche) Einzelkenntnisse, kennt sich in den für wesentlich gehaltenen Ereignissen der Weltgeschichte aus, |
| 006 | 1 2 3 4 5 | Verfügt über vielerlei eigene Einzelkenntnisse von menschlicher Bildung und Entwicklung, von der Reifung und dem Erwachsenenwerden so wie es sein muß und „ist" |
| 007 | 1 2 3 4 5 | Verfügt über vielerlei eigene Führungs- und Leitungskenntnisse, weiß, wie man führen und lenken muß, wozu und mit welchen Mitteln zu arbeiten ist |
| 008 | 1 2 3 4 5 | Verfügt über vielerlei eigene Erfahrungen in der Pflege und Erhaltung von Dingen, in der richtigen Wartung und Wiederherstellung ihrer Form und Funktion |
| 009 | 1 2 3 4 5 | Besitzt einiges eigenes Kunstverständnis, kennt sich in der Malerei, Architektur, Bildnerei und Musik aufgrund vielerlei Einzeldaten aus |
| 010 | 1 2 3 4 5 | Verfügt über vielerlei eikgene Einzelerfahrungen in Verwaltungsfragen vom Erstellen von Schriftstücken über deren Abfertigung bis zur Ablage |
| 011 | 1 2 3 4 5 | Verfügt über vielerlei eigene Einzelkenntnisse in neuzeitlicher Technik, insbesondere auch in Haus- und Haushaltstechnik |
| 012 | 1 2 3 4 5 | Hat vielerlei eigene ökonomische und wirtschaftliche Einzelkenntnisse, weiß Bescheid in vielerlei von den Vorkommnissen in der Wirtschaft, von Buchhaltung, Geld und Finanzen |
| 013 | 1 2 3 4 5 | Zeigt ein ursprüngliches, unmittelbares, natürliches und ungekünsteltes Verhalten |
| 014 | 1 2 3 4 5 | Zeigt ein differenziertes, rationales Verhalten, hält sich an vernünftige Überlegungen und weiß dabei sehr sorgfältig zwischen Situationsunterschieden zu abzuwägen |
| 015 | 1 2 3 4 5 | Sucht Kontakt mit ihrer Umwelt, wendet sich Menschen und Dingen in ihrer Umwelt zu |

016 1 2 3 4 5 Entwickelt eine distanzierte, reservierte Haltung, hält sich zurück, wahrt Abstand gegenüber der Welt und den Gesellschaften und Gruppen, orientiert sich mehr an eigenen Vorstellungen als an dem, was üblich ist

017 1 2 3 4 5 Läßt sich leicht begeistern und anregen

018 1 2 3 4 5 Wirkt gefühlvoll und bindungsbereit, ist verständnisvoll und beteiligt sich auch innerlich an anderen

019 1 2 3 4 5 Ist darauf bedacht, sich durchzusetzen, will sich nicht nur gegenüber anderen behaupten, sondern ihnen den eigenen Willen „schmackhaft" machen

020 1 2 3 4 5 Entwickelt eine aufgeschlossene und sensitive Haltung, hört zu und bleibt offen für die Belange anderer Menschen und Gruppen, läßt sich von ihnen und ihren Vorstellungen beeindrucken

021 1 2 3 4 5 Zeigt eine optimistische, frische und bejahende Lebenseinstellung,

022 1 2 3 4 5 Wirkt ernst und besinnlich, geht nicht oberflächlich über die Dinge und Probleme hinweg

023 1 2 3 4 5 Entwickelt viel Unternehmungsdrang, trachtet stets danach, etwas zu unternehmen, etwa Neues zu suchen oder zu beginnen

024 1 2 3 4 5 Wirkt beharrlich und stetig und läßt sich nicht aus der Ruhe bringen

025 1 2 3 4 5 Strebt nach sinnlichem Erleben, sucht in ihrer Lebensgestaltung sinnliches Erleben möglich zu machen

026 1 2 3 4 5 Strebt nach Geistigem und Gedanklichem, nach Erkenntnis

027 1 2 3 4 5 Interessiert sich für öffentliche und gesellschaftliche Belange, entwickelt Interesse am Geschehen in der Nachbarschaft und Umgebung, insbesondere auch in der Gemeinde und im Lande sowie bei anderen Gruppen

028 1 2 3 4 5 Erstrebt ein festes Wert- und Weltbild, strebt und entwickelt eine wirklichkeitsangemessene Weltanschauung und entsprechende Wertvorstellungen sowie Normen (müssen nicht mit denen des Beurteilers übereinstimmen)

029 1 2 3 4 5 Interessiert sich vor allem für Kultur und Kulturelles, hat Interesse an Theater, Kunst und Geschichte

| | | |
|---|---|---|
| 030 | 1 2 3 4 5 | Strebt nach Eigenständigkeit und Selbstverwirklichung, trachtet danach, ihre Möglichkeiten, ihre „Anlagen““ möglichst vollständig zur Entfaltung zu bringen und Eigenständigkeit und Unabhängigkeit zu gewinnen, ohne die Bindung an andere zu verlieren |
| 031 | 1 2 3 4 5 | Strebt danach, zu lenken und zu gestalten, Dinge und Menschen in ihrem Sinne zu beeinflussen |
| 032 | 1 2 3 4 5 | Soziale Fragen stehen im Mittelpunkt des Interesses, interessiert sich vor allem für sozialpolitische und fürsorgerische Maßnahmen und Probleme, auch über die eigene Gruppe hinaus |
| 033 | 1 2 3 4 5 | Vor allem Kunst und Künstlerisches interessieren |
| 034 | 1 2 3 4 5 | Strebt nach Systematik und Ordnung |
| 035 | 1 2 3 4 5 | Sucht den Fortschritt und Veränderungen, strebt nach Neuem und Neuartigem |
| 036 | 1 2 3 4 5 | Orientiert sich am Vertrauten und Gewohnten, am Nahen und Greifbaren |
| 037 | 1 2 3 4 5 | Höhergestellte Personen haben in der Gruppe viel Macht und besondere Rechte |
| 038 | 1 2 3 4 5 | Die Ansichten der Mitglieder zu Lebensfragen sind identisch |
| 039 | 1 2 3 4 5 | Die Gruppe zeigt viel Verständnis für Außenstehende |
| 040 | 1 2 3 4 5 | Das System entscheidet stets als Ganzes, geschlossen und eindeutig |
| 041 | 1 2 3 4 5 | Es gibt viele verschiedene, Untergruppen, Klassen und Schichten im System |
| 042 | 1 2 3 4 5 | Mitglieder wechseln ihre Gruppen-, Klassen- und Schichtenzugehörigkeit oft |
| 043 | 1 2 3 4 5 | Die Verständigungscodes (Sprachen) sind sehr differenziert |
| 044 | 1 2 3 4 5 | Die Verständigungscodes sind formal und inhaltlich für alle gleich |
| 045 | 1 2 3 4 5 | Es herrscht eine differenzierte Arbeitsteilung |
| 046 | 1 2 3 4 5 | Die Rollen, Stellen und Kompetenzen sind genau abgesteckt |
| 047 | 1 2 3 4 5 | Umgangs- und Handlungsformen sind fein abgestuft |
| 048 | 1 2 3 4 5 | Umgangs- und Handlungsformen sind für alle gleich |
| 049 | 1 2 3 4 5 | Besitzt eigenes systematisches und fundiertes Wissen von den Lebensvorgängen und deren Hintergründen |

050 1 2 3 4 5 Besitzt fundiertes eigenes philosophisches und erkenntnistheoretisches Wissen nebst Hintergrundinformationen

051 1 2 3 4 5 Besitzt fundiertes eigenes und hintergründiges Wissen gesellschaftlicher Vorgänge und Zustände

051 1 2 3 4 5 Hat hintergründige eigene fundierte und umfassende ethische Kenntnisse

053 1 2 3 4 5 Verfügt über eigenes fundiertes Wissen menschlicher Kultur und Kulturen und deren Hintergründe

054 1 2 3 4 5 Verfügt über eigene und hintergründige fundierte psychologische Kenntnisse

055 1 2 3 4 5 Besitzt eigene umfassende Führungskenntnisse und –erfahrungen

056 1 2 3 4 5 Besitzt eigene umfassende und auch hintergründige soziale und soziologische Kenntnisse und Erfahrungen

057 1 2 3 4 5 Verfügt über eigene umfassende ästhetische und musische Vorstellungen

058 1 2 3 4 5 Es liegt ein eigenes umfassendes, fundiertes und auch hintergründiges systemtheoretisches Wissen vor

059 1 2 3 4 5 Verfügt über eigene umfassende und fundierte Vorstellungen von Fernem und Fremdem nebst deren Hintergründen

060 1 2 3 4 5 Es liegen eigene fundierte und hintergründige ökonomische Vorstellungen vor

061 1 2 3 4 5 Reagiert überschwenglich, die Reaktionen sind übertrieben und übersteigert, den Ereignissen nicht angemessen

062 1 2 3 4 5 Entwickelt eine formelle bis formalistische Haltung, hält sich an übergruppale Normen, Regeln und Vorschriften, beachtet die Etikette

063 1 2 3 4 5 Zeigt ein aufdringliches Verhalten, durchbricht ständig die Fluchtdistanz anderer Menschen und Gruppen, denen sie schon rein physisch zu nahe kommt

064 1 2 3 4 5 Bezieht alles auf sich, nur ihre Sicht der Dinge gilt, was auch immer sich ereignet, die Gruppe wertet dieses nur soweit es sie selbst betrifft - vor allem negativ betrifft -, erkennt auch alles nur insoweit an, wie sie es sieht

065 1 2 3 4 5 Zeigt wechselhafte und unstete Gefühlsregungen, wirkt leicht erregt und aufgeregt

066 1 2 3 4 5 Reagiert subjektiv und unsachlich, ihr geht es nicht um die Sache, sondern stets um den eigenen Standpunkt und das eigene Gefühl, nur von ihnen her handelt sie, egal, ob dieses sachlich gerechtfertigt ist

067 1 2 3 4 5 Reagiert scharf und spitz, neigt dazu, andere zu verletzen, wird leicht ironisch oder sarkastisch

068 1 2 3 4 5 Gibt immer nach, wirkt, als ob sie keinen eigenen Standpunkt hat, schließt sich stets der Meinung anderer an

069 1 2 3 4 5 Entwickelt ein leichtsinniges und unvorsichtiges Verhalten, reagiert flüchtig und nebenbei

070 1 2 3 4 5 Sieht schwarz und ängstlich in die Zukunft, reagiert übervorsichtig

071 1 2 3 4 5 Entwickelt heftige und hitzige Reaktionen, zeigt überaktive, oft nicht angemessene Reaktionen mit explosivem Charakter

072 1 2 3 4 5 Stellt sich bei Veränderungen nicht um, bleibt eher stur

073 1 2 3 4 5 Orientiert sich an Primitivem und Kreatürlichem und Gewöhnlichem

074 1 2 3 4 5 Weltfremde Spekulationen und esoterische Inhalte sind für diese Gruppe wichtig

075 1 2 3 4 5 Prestigegewinn steht für sie im Vordergrund

076 1 2 3 4 5 Auf Sittenstrenge kommt es dieser Gruppe an. Ihr geht es darum, daß sich alle, vor allem aber sie selbst streng an die gute Sitte (u.U. eigene Sitte) halten, sie legt alles eng nach strengen moralischen Maßstäben aus

077 1 2 3 4 5 Funktionalität und Brauchbarkeit werden abgelehnt, Kulturfanatiker, schwärmt für Kultur und Ideale, meidet dabei alles, was brauchbar und nutzbar ist, wobei dann eine entsprechende Technikabwehr entsteht

078 1 2 3 4 5 Tendiert zum Singletum und Beschäftigung mit sich selbst, will sich selbst verwirklichen, und das in einer Form, die Bindungen und tiefergehende Beziehungen zu anderen ablehnt, sich selbst genug ist

079 1 2 3 4 5 Muß alles analysieren und zerlegen, kann die Dinge nicht betrachten und genießen, ohne sie zu hinterfragen und zu sezieren

080 1 2 3 4 5 Nur das Kranke und Kaputte ist für diese Gruppe wichtig

081 1 2 3 4 5 Legt besonderen Wert auf Äußerlichkeiten, etwa Kleidung, Frisur, Aussehen

082 1 2 3 4 5 Wird von Ordnungen und Formeln beherrscht, und das eher in unangemessener Weise, d.h., die Ordnungen und Formeln passen nicht zur Situation und zum Verhalten der Gruppe

083 1 2 3 4 5 Sucht ständig neue Abenteuer, gibt sich mit nichts zufrieden

084 1 2 3 4 5 Richtet sich nur nach dem was üblich ist, was m a n tut

085 1 2 3 4 5 primitive, genußsüchtige Vorstellungen

086 1 2 3 4 5 esoterische, utopistische Vorstellungen

087 1 2 3 4 5 Übersteigerte Geltungs- und Darstellungsinhalte

088 1 2 3 4 5 sektenhafte religiöse Vorstellungen

089 1 2 3 4 5 schwärmerische schöngeistige Vorstellungen und Geistreicheleien

090 1 2 3 4 5 Ichgottähnliche Vorstellungen

091 1 2 3 4 5 verschrobene Macht- und Führungsinhalte

092 1 2 3 4 5 soziale Utopien, feministische Wahnvorstellungen

093 1 2 3 4 5 verschrobene Gütekriterien

094 1 2 3 4 5 bürokratistische Inhalte

095 1 2 3 4 5 utopistische und exotische Zukunftsideen

096 1 2 3 4 5 verschrobene Heimats- und Traditionsvorstellungen

097 1 2 3 4 5 Zeigt ein primitives, hyperkinetisches Verhalten, undifferenziertes und unruhig zappelndes Verhalten

098 1 2 3 4 5 Das Realitätsbewußtsein fehlt, zeigt weltfremde Regelhaftigkeit, hat keinen Blick für die Wirklichkeit und das Alltägliche, reagiert eher träumerisch und dabei schablonenhaft

099 1 2 3 4 5 Zeigt ein narzißtisches, selbstbespiegelndes Verhalten, penetrant sich in den Vordergrund stellend und gewissermaßen die eigene „Person" liebkosend

100 1 2 3 4 5 Entwickelt situationsunangemessene Fluchtreaktionen, versucht, sich durch Flucht und Ausweichen den Situationen immer wieder zu entziehen, obwohl dazu kein Grund besteht

101 1 2 3 4 5 Entwickelt ekstatische, rauschhafte Reaktionen, neigt zum Schwärmen und steigert sich voller Unruhe und übertriebener Lebhaftigkeit in Situationen hinein

102 1 2 3 4 5 Entwickelt ein krankhaftes Heimweh nach Personen, vor allem Leitpersonen (Hundeheimweh), bekommt Angst und starke Sehnsucht, wenn ihr vertraute Menschen nicht greifbar sind,

103 1 2 3 4 5 Entwickelt gegen sich selbst gerichtete Aggressionen (selbstzerstörerisch), neigt dazu, sich selbst zu verletzen, psychisch wie physisch, sich Situationen auszusetzen, die sie selbst zerstören können

104 1 2 3 4 5 Reagiert zwanghaft nachgiebig, kann nicht anders, muß von innen her getrieben immer den anderen und ihren Wünschen nachgeben

105 1 2 3 4 5 Zeigt manische Unruhe und zerfahrene Hektik

106 1 2 3 4 5 Entwickelt eine leere, hoffnungslose Haltung, ist ohne Lebenslust und Lebensmut, wirkt übervorsichtig und zaghaft, gezwungen und unfrei

107 1 2 3 4 5 Entwickelt hyperkinetische Störreaktionen bei ausfahrenden Bewegungen, eine übersteigerte Überaktivität, vor allem auch in den Bewegungen, die ungezügelt und weit ausladend sind.

108 1 2 3 4 5 Entwickelt ein akinetisches Verhalten, stuporöse, klebende, pastöse Bewegungen, bewegungsloses bis bewegungsarmes und adynamisches Verhalten, wirkt schwammig-starr

109 1 2 3 4 5 Entwickelt perverse Genußwünsche, bei den Genußgegenständen handelt es sich entweder um berauschende Gifte oder übersteigerte Üppigkeit des Genusses oder vom Geschmack her merkwürdige Genußinhalte und –formen

110 1 2 3 4 5 Zeigt zwanghafte Neugier, kann die eigene Neugier nicht unterdrücken und nicht beherrschen, muß ihr überall und ständig Tribut zahlen

111 1 2 3 4 5 Zeigt hysterische posenhafte Reaktionen, stellt sich selbst immer wieder in den Mittelpunkt, sucht die Aufmerksamkeit der Umgebung auf sich zu ziehen, und das in ziemlich theatralischer Weise

112 1 2 3 4 5 Entwickelt Gerechtigkeitsfanatismen und –wahnvorstellungen, kämpft fanatisch für Rechte, vor allem für eigene Rechte, erweist sich als eine Art Michael Kohlhaas

113 1 2 3 4 5 Entwickelt kulturellen Sendungswahn, fühlt sich als Missionarin der Kultur, meint, die Kultur bzw. was sie dafür hält, retten zu müssen

| | | |
|---|---|---|
| 114 | 1 2 3 4 5 | Entwickelt persönlichen Sendungswahn, fühlt sich als von höheren Mächten beauftragt |
| 115 | 1 2 3 4 5 | Zeigt Zerstörungswut und –zwänge |
| 116 | 1 2 3 4 5 | Entwickelt Zwang zum Pflegen und Helfen, wo es unangebracht ist, auch dort, wo keine Hilfe gebraucht wird, nichts zu pflegen, zu bewahren und zu erhalten ist, hilft und pflegt sie, weil sie und ihre Mitglieder nicht anders können |
| 117 | 1 2 3 4 5 | Entwickelt künstlerische Wahnvorstellungen, hält sich für eine große Künstlergemeinschaft oder für jemanden, der den Menschen sagen muß, was Kunst ist |
| 118 | 1 2 3 4 5 | Zeigt pedantische Ordnungszwänge, Schematismen |
| 119 | 1 2 3 4 5 | Entwickelt Veränderungssüchte, muß sich und alles stets verändern, kann keinen status quo ertragen |
| 120 | 1 2 3 4 5 | Zeigt Katzenheimweh (Heimweh nach Örtlichkeiten) und Gewohnheitszwänge, leidet unter Orts- und Umgebungswechseln, unter jeder Art von äußerer örtlicher und räumlicher Veränderung |
| 121 | 1 2 3 4 5 | a-natürliche, widernatürliche genuß- und sinnlichkeitsferne Vorstellungen |
| 122 | 1 2 3 4 5 | Antitheoretische, antigeistige und –geisteswissenschaftliche Vorstellungen |
| 123 | 1 2 3 4 5 | Antiweltliche, antigesellschaftliche Vorstellungen |
| 124 | 1 2 3 4 5 | Areligiöse, antiideologische Vorstellungen |
| 125 | 1 2 3 4 5 | Antikulturelle, funktionalistische Vorstellungen |
| 126 | 1 2 3 4 5 | Antipsychologische, mechanistische Vorstellungen |
| 127 | 1 2 3 4 5 | Aggressionsfeindliche und –leugnende Vorstellungen |
| 128 | 1 2 3 4 5 | Antisoziale, liberalistische Vorstellungen |
| 129 | 1 2 3 4 5 | Antiästhetische, rein zweckhafte Vorstellungen |
| 130 | 1 2 3 4 5 | Chaotische, ordnungsfeindliche Vorstellungen |
| 131 | 1 2 3 4 5 | Vorgestrige, überholte Vorstellungen |
| 132 | 1 2 3 4 5 | Traditionslose, ungewöhnliche Vorstellungen |
| 133 | 1 2 3 4 5 | Wirkt unlebendig und ohne eigene Impulse |
| 134 | 1 2 3 4 5 | Zeigt ein disziplinloses und unbeherrschtes Verhalten |
| 135 | 1 2 3 4 5 | Wehrt alle Kontakte ab und meidet die Umwelt |

| | | |
|---|---|---|
| 136 | 1 2 3 4 5 | Entwickelt Angst vor dem Alleinsein, sucht nach Gesellschaft und Anschluß an andere Personen und Gruppen, fürchtet sich allein zu sein - auch im sicheren Hause -, ihr fällt, wenn sie alleine bleibt, gewissermaßen die Decke auf den Kopf, Flucht nach „vorne" |
| 137 | 1 2 3 4 5 | Kann Gefühle nicht zeigen, hat Angst davor, sich zu äußern |
| 138 | 1 2 3 4 5 | Weicht jeder menschlichen Bindung aus, das zeigt sich in ihrer Ungebundenheit, aber auch in ihrer Stellungnahme zu Partnerschaften und Bindungen an andere Gruppen usw. |
| 139 | 1 2 3 4 5 | Hat Angst, sie könnte anderen ins Gehege kommen, tut nichts, handelt nicht, um nicht in die Kompetenzen anderer überzugreifen, wirkt matt und gezwungen in ihrer Haltung |
| 140 | 1 2 3 4 5 | Zeigt Angst, in etwas hineingezogen zu werden, die Angst besteht vor allem vor sozialen, sorgenden und fürsorglichen Verpflichtungen |
| 141 | 1 2 3 4 5 | Traut sich nichts zu, zeigt unsicheres, ängstliches Verhalten |
| 142 | 1 2 3 4 5 | Wirkt gehetzt und getrieben, läßt jegliche Besonnenheit, jeglichen Ernst vermissen und reagiert überhastet und übereilt, läßt sich keine Ruhe, wirkt rastlos |
| 143 | 1 2 3 4 5 | Wirkt lahm, matt und müde, ist völlig schwunglos und kraftlos, und das bei ängstlichem Zurückweichen vor jeder Unternehmung oder Veränderung |
| 144 | 1 2 3 4 5 | Wagt keinen eigenen Standpunkt |
| 145 | 1 2 3 4 5 | Lehnt alle sinnlichen Genüsse ab, sowohl anschaulicher als auch taktiler Art usw., leibliche Genüsse, Sex usw., entwickelt ängstliche Abwehr dagegen, übertrieben asketisch |
| 146 | 1 2 3 4 5 | Lehnt alles Geistige, Gedankliche und Wissenschaftliche ab |
| 147 | 1 2 3 4 5 | Zeigt typische Aussteigermentalität, ist mit der heutigen und hiesigen Welt fertig, sucht nur noch eine alternative, „ursprüngliche" Welt, nimmt am bestehenden Leben nicht mehr teil |
| 148 | 1 2 3 4 5 | Lehnt Wertordnungen und Wertbegriffe grundsätzlich ab |
| 149 | 1 2 3 4 5 | Lehnt Kultur und Kulturelles grundsätzlich ab, Kunst und Literatur ebenso |
| 150 | 1 2 3 4 5 | Hat Angst vor Selbstsein und Eigenständigkeit, zieht sich ins Allgemeine zurück, Nivellierung und Gleichmacherei |

| | | |
|---|---|---|
| 151 | 1 2 3 4 5 | Lehnt jede Art von Führung und Machtausübung durch sich ab, entwickelt Scheu vor jeder Bevormundung anderer |
| 152 | 1 2 3 4 5 | Lehnt alles Soziale ab, weicht Sozialem aus, haßt Pflege- und Wartungsdienste |
| 153 | 1 2 3 4 5 | Ist und will amusisch sein, bleibt ohne Beziehung zu musischen und künstlerischen Tätigkeiten und Qualitäten, lehnt derartiges strikt ab |
| 154 | 1 2 3 4 5 | Hat keinerlei Beziehungen zu Ordnungen und Systematik, liebt das Chaos und die Unordnung, braucht beide gewissermaßen zum Leben, hat Angst vor der Zerstörung durch Ordnung |
| 155 | 1 2 3 4 5 | Lehnt alles Neue und Fremde ab. Das gilt sowohl für fremde Personen, andere Gruppen, ferne Länder usw., als auch für technische und modische Neuerungen |
| 156 | 1 2 3 4 5 | Lehnt jegliche Tradition und alles Übliche ab |
| 201 | 1 2 3 4 5 | Verfügt über breit gestreutes Alltagswissen |
| 202 | 1 2 3 4 5 | Beherrscht vielerlei Begriffe und Begriffssysteme und die unterschiedlichen Bedeutungen von Termini in den Begriffssystemen |
| 203 | 1 2 3 4 5 | Besitzt vielerlei Einzelwissen von der Welt im allgemeinen und dem Geschehen in ihr |
| 204 | 1 2 3 4 5 | Hat vielerlei Erfahrungen in Bewertungen und Bewertungsnormen |
| 205 | 1 2 3 4 5 | Verfügt über vielerlei ideelle und ideengeschichtliche Einzelkenntnisse |
| 206 | 1 2 3 4 5 | Verfügt über mancherlei Einzelwissen vom Menschen und seiner Psyche und dem Innenleben der anderen Gruppen |
| 207 | 1 2 3 4 5 | Verfügt über vielerlei Gestaltungs- und Konstruktionswissen |
| 208 | 1 2 3 4 5 | Verfügt über breites soziales und soziologisches Wissen |
| 209 | 1 2 3 4 5 | Verfügt über breit gestreutes Wissen um Qualität und Qualitäten |
| 210 | 1 2 3 4 5 | Hat vielerlei Organisationskenntnisse |
| 211 | 1 2 3 4 5 | Verfügt über vielerlei technologische Einzelkenntnisse auch im außertechnischen Bereich |
| 212 | 1 2 3 4 5 | Kennt viele Traditionen, ist vertraut mit Überlieferungen und allem, was üblich ist |
| 213 | 1 2 3 4 5 | Zeigt lebendiges und vitales Verhalten, reagiert emotional |

| | | |
|---|---|---|
| 214 | 1 2 3 4 5 | Zeigt eine kritische und disziplinierte Haltung |
| 215 | 1 2 3 4 5 | Wendet sich der Umwelt zu und geht auf sie zu, lebt in und mit ihr |
| 216 | 1 2 3 4 5 | Zeigt eine verschlossene, verschwiegene und nach innen gewandte Haltung |
| 217 | 1 2 3 4 5 | Entwickelt ein sprühendes, äußerungslebhaftes Verhalten, redet frei und lebhaft, äußert sich zu allem aktiv, auch zu eigenen Gefühlen |
| 218 | 1 2 3 4 5 | Verbreitet menschliche Wärme, zeigt sich menschlich aufgeschlossen und bindungsbereit, spricht auch von anderen Menschen und Gruppen nie abwertend oder verächtlich |
| 219 | 1 2 3 4 5 | Zeigt ein angreifendes Verhalten, geht auf die Dinge zu, greift Probleme auf und sorgt dafür, daß es vorwärts geht (nicht mit aggressivem Verhalten zu verwechseln, bei dem es um Beherrschung der anderen und deren Verletzung geht) |
| 220 | 1 2 3 4 5 | Wirkt empfänglich, beeindruckbar, anpassungsbereit und dienstbereit |
| 221 | 1 2 3 4 5 | Entwickelt Risikofreude und –bereitschaft, wagt etwas, ohne leichtsinnig zu sein, schätzt das jeweilige Risiko und ihre Möglichkeiten real ein, ehe sie selbstsicher handelt |
| 222 | 1 2 3 4 5 | Zeigt eine tiefsinnige, besonnene und abwägende Haltung und Betrachtungsweise |
| 223 | 1 2 3 4 5 | Zeigt ein schwungvolles und dynamisches Verhalten |
| 224 | 1 2 3 4 5 | Zeigt eine unerschütterliche, eindeutige Haltung |
| 225 | 1 2 3 4 5 | Strebt nach Naturnähe und praktischem Tun, sucht Arbeiten und Tätigkeiten, die sie mit der Natur in Berührung bringen und praxis- und lebensnah sind |
| 226 | 1 2 3 4 5 | Strebt nach wissenschaftlicher Erkenntnissen und Wissen davon |
| 227 | 1 2 3 4 5 | Nimmt rege am weltlichen Leben und dem Geschehen in ihrer Umwelt teil |
| 228 | 1 2 3 4 5 | Hält sich an bekannte und bewährte Werte, ihre Moral entspricht dem, was in ihrer Umwelt üblich ist |
| 229 | 1 2 3 4 5 | Ist sprachlich und literarisch interessiert |
| 230 | 1 2 3 4 5 | Strebt nach Gruppencharakteristik und individueller Besonderheit |

| | | |
|---|---|---|
| 231 | 1 2 3 4 5 | Ist ein Macher und strebt danach, die Situationen zu bewältigen, es geht ihr vor allem darum, etwas zu tun, etwas zu machen und zu gestalten, Probleme zu lösen |
| 232 | 1 2 3 4 5 | Zeigt das Bedürfnis, Menschen und Dinge zu pflegen und zu erhalten |
| 233 | 1 2 3 4 5 | Entwickelt Sinn für Schönheit und Qualität |
| 234 | 1 2 3 4 5 | Strebt nach Ordnungen und Beherrschung von formalen Mitteln dazu |
| 235 | 1 2 3 4 5 | Orientiert sich am Zukünftigen und an Neuheiten, lebt für das Morgen und für Übermorgen, |
| 236 | 1 2 3 4 5 | Strebt nach Sicherem und Sicherheit, nach Bewährtem |
| 237 | 1 2 3 4 5 | Die Rangabstände im System sind groß |
| 238 | 1 2 3 4 5 | Die Mitglieder des Systems sind sich in allem ziemlich einig |
| 239 | 1 2 3 4 5 | Das System stellt sich stets unmittelbar auf Fremde und Fremdes ein |
| 240 | 1 2 3 4 5 | Entscheidungen nach außen gelten stets für alle Mitglieder |
| 241 | 1 2 3 4 5 | Die Gegensätze von Klassen und Gruppierungen sind beträchtlich |
| 242 | 1 2 3 4 5 | Viele Mitglieder steigen im System oft auf oder ab |
| 243 | 1 2 3 4 5 | Die Sprache des Systems ist kompliziert |
| 244 | 1 2 3 4 5 | Alle Personen des Systems sprechen die gleiche Sprache |
| 245 | 1 2 3 4 5 | Jedes Mitglied übernimmt nur begrenzte Aufgaben und Funktionen |
| 246 | 1 2 3 4 5 | Eingriffe in fremde Aufgaben- u. Kompetenzen werden nicht geduldet |
| 247 | 1 2 3 4 5 | Umgangs- und Handlungsformen sind vielfältig |
| 248 | 1 2 3 4 5 | Alle Mitglieder verwenden gleiche Rituale und Begegnungsformen |
| 249 | 1 2 3 4 5 | Verfügt über hintergründige tiefreichende Lebenserfahrungen |
| 250 | 1 2 3 4 5 | Verfügt über hintergründige Begriffe und Begriffssysteme |
| 251 | 1 2 3 4 5 | Verfügt über umfassende hintergründige Kenntnisse des weltlichen Geschehens |
| 251 | 1 2 3 4 5 | Verfügt über fundamentale und hintergründige weltanschauliche Kenntnisse und Erfahrungen |
| 253 | 1 2 3 4 5 | Verfügt über fundamentales hintergründiges sprachlich-literarisches Wissen |
| 254 | 1 2 3 4 5 | Verfügt über fundamentale und umfassende Partnerschaftserfahrungen |
| 255 | 1 2 3 4 5 | Verfügt über fundamentales und umfassendes Gestaltungs- und Konstruktionskönnen |

| | | |
|---|---|---|
| 256 | 1 2 3 4 5 | Verfügt über fundiertes u. umfassendes Pflege- und/oder Wartungskönnen |
| 257 | 1 2 3 4 5 | Verfügt über fundamentale und hintergründige systematische Qualitätskenntnisse |
| 258 | 1 2 3 4 5 | Verfügt über umfassende und fundamentale Formalkenntnisse |
| 259 | 1 2 3 4 5 | Verfügt über fundamentales Wissen von Neuheiten und Verfahrensweisen |
| 260 | 1 2 3 4 5 | Verfügt über fundamentales und umfassendes Traditionswissen |
| 261 | 1 2 3 4 5 | Handelt impulsiv aus dem Augenblick heraus, reagiert, ohne lange zu überlegen, oft auch unvernünftig und unbeherrscht wirkend, läßt sich in ihrem Handeln von momentanen Einflüssen leiten |
| 262 | 1 2 3 4 5 | Entwickelt eine steife, strenge und eingeengte Haltung, wirkt unbeweglich und unlebendig, sieht nur die Regeln und Vorschriften, nicht aber das pulsierende Leben |
| 263 | 1 2 3 4 5 | Zeigt ein auffälliges, Aufmerksamkeit erregendes und heischendes Verhalten |
| 264 | 1 2 3 4 5 | Wirkt undurchsichtig und versteckt, es fehlt an Offenheit und Durchschaubarkeit |
| 265 | 1 2 3 4 5 | Entwickelt eine unstete, überstürzte Äußerungsweise, zeigt eine lebhafte, aktive, aber wechselhafte und hastige Äußerungsweise |
| 266 | 1 2 3 4 5 | Entwickelt ein schwülstiges, subjektives Gefühlsleben, äußert übertriebene und übersteigerte Gefühle, vor allem sobald es um sich und ihre Belange geht |
| 267 | 1 2 3 4 5 | Zeigt ein autoritäres, herrisches Verhalten |
| 268 | 1 2 3 4 5 | Läßt sich ständig von anderen beeinflussen und folgt deren Meinungen und Vorstellungen |
| 269 | 1 2 3 4 5 | Zeigt ein hektisches, oberflächliches und überhastetes Verhalten |
| 270 | 1 2 3 4 5 | Entwickelt eine mißmutige und verdrossene Haltung, erscheint vorsichtig, eher schlecht gelaunt und schlecht gestimmt, evtl. auch mürrisch |
| 271 | 1 2 3 4 5 | Zeigt ein ungestümes und cholerisches Verhalten mit Ausbruchscharakter |
| 272 | 1 2 3 4 5 | Wirkt inflexibel, träge und phlegmatisch in Haltung und Reaktionen |
| 273 | 1 2 3 4 5 | Strebt nach sinnlichem Genuß, sinnliche Genüsse werden zum Mittelpunkt des Strebens, wobei der Schwerpunkt auf dem Genießen selbst liegt |

| | | |
|---|---|---|
| 274 | 1 2 3 4 5 | Zeigt intellektualistische Neugier, die Neugier, das Suchen nach Informationen wird intellektuell verbrämt und hinter Wissensdurst versteckt |
| 275 | 1 2 3 4 5 | Anerkennung und Auszeichnung sind der Gruppe wichtig, sie legt besonderen Wert auf öffentliche Belobigungen, Urkunden, Orden, Ehrenämter usw. |
| 276 | 1 2 3 4 5 | Die Gruppe ist ideologisch - orthodox festgelegt, erweist sich als strenggläubig, fundamentalistisch, moralinsauer |
| 277 | 1 2 3 4 5 | Weltfremder Idealismus zeichnet die Gruppe aus |
| 278 | 1 2 3 4 5 | Nur ihr eigenes Leben und Erleben ist der Gruppe wichtig |
| 279 | 1 2 3 4 5 | Entwickelt ein ausgesprochenes Machtstreben, will überall zu sagen haben, alle sollen nach ihrer Pfeife tanzen |
| 280 | 1 2 3 4 5 | Das Lebensmotto ist Dienen und Dienstbereitschaft, ihr geht es in erster Linie darum, anderen oder den Dingen zu dienen und dazu ist sie stets bereit |
| 281 | 1 2 3 4 5 | Reklamehafte Effekte sind dieser Gruppe wichtig, sucht nach Möglichkeiten, die eigene Gruppe in den Vordergrund zu rücken und bedient sich dabei übersteigerter Formen und Stilelemente |
| 282 | 1 2 3 4 5 | Entwickelt ausgesprochen formalistische und bürokratische Tendenzen, wirkt eher pedantisch und eingeengt auf Schemata, Vorschriften - teils selbstgemachte -, hält sich an Formalismen und solchen Vorschriften fest |
| 283 | 1 2 3 4 5 | Lebt in Utopien und leugnet Gegenwart und Realität, entwickelt Zukunfts- und Fortschrittsgläubigkeit, ohne dabei die gesellschaftlichen und technologischen Möglichkeiten zu bedenken |
| 284 | 1 2 3 4 5 | Geht in Gewohnheiten auf, handelt, denkt und reagiert nur wie sie es gewohnt ist, meidet jede Veränderung und Neuheit |
| 285 | 1 2 3 4 5 | naturfanatische, orgastische Vorstellungen |
| 286 | 1 2 3 4 5 | weltferne, philophistische Vorstellungen |
| 287 | 1 2 3 4 5 | bizarre weltliche und gesellschaftliche Vorstellungen |
| 288 | 1 2 3 4 5 | verschrobene Wertskalen Vorstellungen |
| 289 | 1 2 3 4 5 | verschrobene kulturelle Vorstellungen |
| 290 | 1 2 3 4 5 | größenwahnartige Sendungsideen Vorstellungen |

291 1 2 3 4 5 verschrobene Blut-, Zerstörungs- und Terrorinhalte

292 1 2 3 4 5 Mütterlichkeitsideologische Vorstellungen

293 1 2 3 4 5 künstliche bizarre Gegenständlichkeit der Vorstellungen

294 1 2 3 4 5 kleinlichkeitsbestimmte, pedantische Ordnungsformen

295 1 2 3 4 5 abenteuerliche Fernvorstellungen

296 1 2 3 4 5 bizarre Selbstverständlichkeiten

297 1 2 3 4 5 Entwickelt groteske und bizarr übersteigerte Motorik. Die Bewegungen wirken absurd, irgendwie künstlich und übertrieben, aber auch ungelenk und unbeweglich

298 1 2 3 4 5 Zeigt Zustände der Verwirrtheit, lebt in einer Traumwelt

299 1 2 3 4 5 Entwickelt ein ichzentriertes posierendes Verhalten, erscheint wahnhaft auf sich selbst fixiert und entwickelt ein eitles Gehabe und Getue

300 1 2 3 4 5 Entwickelt Verfolgungs- und Unheimlichkeitsgefühle, fühlt sich von seiner Umwelt verfolgt, erlebt sie als unheimlich und bedrohend

301 1 2 3 4 5 Entwickelt illusionäre und halluzinäre Zustände, rauschhafte und schwärmerische Regungen werden übersteigert und nehmen wirklichkeitsferne Formen an

302 1 2 3 4 5 Entwickelt irreale klebende Bindungen an sich bzw. Phantome, fühlt sich gefühlsmäßig unwiderrufbar und dauerhaft nur an sich oder eingebildete Inhalte gebunden

303 1 2 3 4 5 Zeigt ein selbstzerstörerisches Handeln

304 1 2 3 4 5 Zeigt eine zwanghafte Anpassungsbereitschaft und Beeinflußbarkeit, hat die Fähigkeit eingebüßt, selbständig und eigenständig zu reagieren, fühlt sich gezwungen, das zu tun, was andere wollen und wünschen

305 1 2 3 4 5 Zeigt eine ausgesprochene Ideenflucht

306 1 2 3 4 5 Zeigt völlige Depressivität, die Welt erscheint der Gruppe öd und leer

307 1 2 3 4 5 Entwickelt unruhige, verschrobene Impulse, explosive und hitzige Impulse, die völlig unangemessen und unangebracht sind

308 1 2 3 4 5 Entwickelt eine negativistische Haltung, lehnt alles ab, reagiert trotzig und läßt sich nicht anregen, bleibt stur und bewegungslos

309 1 2 3 4 5 Ist süchtig (Alkohol, Drogen usw.)

| | | |
|---|---|---|
| 310 | 1 2 3 4 5 | Fühlt sich von anderen und allem ausgeschlossen, ist der Meinung, daß die anderen Menschen und Gruppen sie nicht beachten, ja sie ausgrenzen und ihr notwendige Informationen fernhalten, so daß ihre Neugierde nicht befriedigt wird |
| 311 | 1 2 3 4 5 | Zeigt ausgesprochene zwanghafte Selbstdarstellungssucht |
| 312 | 1 2 3 4 5 | Entwickelt ideologische Wahnvorstellungen, bringt wahnhafte religiöse oder weltanschaulich orientierte Vorstellungen hervor, von denen sie sich leiten läßt |
| 313 | 1 2 3 4 5 | Gibt sich als Kulturapostel und entwickelt kulturelles Erneuerertum, wirbt für Kultur, für ihre Kultur, entwickelt fixe Ideen hinsichtlich der Schaffung und Gestaltung der Kultur |
| 314 | 1 2 3 4 5 | Zeigt ausgesprochene Selbstverwirklichungssucht |
| 315 | 1 2 3 4 5 | Entwickelt überzogene Herrschbedürfnisse, will unter allen Umständen über die anderen herrschen, ihnen befehlen und sie kommandieren und verliert dabei die realen Verhältnisse aus dem Auge |
| 316 | 1 2 3 4 5 | Entwickelt zwanghaftes soziales Engagement, muß sich überall sozial aktiv beteiligen und mitmachen, auch wenn es eigentlich gar nichts zu tun gibt |
| 317 | 1 2 3 4 5 | Entwickelt Qualitätsfanatismus, Qualität und Güte der Gegenstände reichen ihr nie aus, überall sieht sie Pfusch und Qualitätsmängel |
| 318 | 1 2 3 4 5 | Entwickelt Kontroll- und/oder Regelzwänge, muß alles, was sie tut, immer wieder nachprüfen, Bürokratismus |
| 319 | 1 2 3 4 5 | Zeigt Züge der Nichtseßhaftigkeit, wechselt ständig Lebensort und –kreis |
| 320 | 1 2 3 4 5 | Entwickelt verschrobenes Sicherheitsbedürfnis, sucht Sicherheit auch dort, wo sie – real betrachtet – sicher ist und ihr keine Gefahr droht, fühlt sich dann evtl. sicher, wo wirklich Gefahr droht |
| 321 | 1 2 3 4 5 | Akreatürliche, sinnenfeindliche Vorstellungen |
| 322 | 1 2 3 4 5 | Antiwissenschaftliche Vorstellungen |
| 323 | 1 2 3 4 5 | unwahrnehmbarmachende, versteckende Vorstellungen |
| 324 | 1 2 3 4 5 | neutralistische, wertfreie Vorstellungen |
| 325 | 1 2 3 4 5 | Antisprachliche Vorstellungen, Antiverständigungscodes |
| 326 | 1 2 3 4 5 | Kollektivistische Vorstellungen |

| | | |
|---|---|---|
| 327 | 1 2 3 4 5 | Herrschaftsablehnende Vorstellungen |
| 328 | 1 2 3 4 5 | rigide, anpassungsablehnende Vorstellungen |
| 329 | 1 2 3 4 5 | quantitative, masseorientierte Vorstellungen |
| 330 | 1 2 3 4 5 | wirre, systemablehnende und ordnungsfeindliche Vorstellungen |
| 331 | 1 2 3 4 5 | fremdenfeindliche, neuheitenablehnende Vorstellungen |
| 332 | 1 2 3 4 5 | besitz- und wirtschaftsfeindliche Vorstellungen |
| 333 | 1 2 3 4 5 | Reagiert nicht auf Eindrücke und Anregungen, sie sagen ihr nichts, die Welt und das, was um sie herum geschieht, hat für sie keinen Aufforderungscharakter, verleitet sie nicht zur Stellungnahme oder gar zum Handeln |
| 334 | 1 2 3 4 5 | Entwickelt eine unkritische, naive und unvernünftige Haltung, ist ohne Disziplin und läßt sich von momentanen Impulsen bestimmen, setzt sich über Regeln und Ordnungen hinweg, neigt zur Verwahrlosung |
| 335 | 1 2 3 4 5 | Zeigt Angst vor der Begegnung mit anderen, zieht sich in ihr Schneckenhaus und völlig ins „Private" und den Gruppenkern zurück |
| 336 | 1 2 3 4 5 | Zeigt ein indiskretes und distanzloses Verhalten, plaudert ziemlich ungehemmt über Dinge, die sie für sich behalten sollte, auch über andere Menschen bzw. Gruppen und deren Intimitäten und findet nicht den nötigen Abstand. |
| 337 | 1 2 3 4 5 | Klebt an anderen, kann bestehende Bindungen nicht lösen, einmal eingegangene Beziehungen und Bindungen an andere Menschen und Gruppen muß sie um jeden Preis erhalten; unverbindliche Beziehungen zu anderen Menschen kann sie nicht herstellen |
| 338 | 1 2 3 4 5 | Läßt bei sich selbst keine Gefühle und keine Bindungen an andere zu, unterdrückt alle Gefühlsregungen, entwickelt Angst vor dem Eingehen von Beziehungen zu anderen Menschen und Gruppen, unfähig zur inneren sozialen Bindung |
| 339 | 1 2 3 4 5 | Verhält sich subaltern und zaghaft, erscheint unterwürfig und ohne jede Selbständigkeit und Eigenaktivität, scheint Angst vor eigenem Tun zu haben |
| 340 | 1 2 3 4 5 | Wirkt spröde, unansprechbar und anpassungsunfähig, hat eine Konsistenz wie eingetrocknete Farbe, als ob ihre Reaktionen bröckelig sind |

| | | |
|---|---|---|
| 341 | 1 2 3 4 5 | Fühlt sich anderen stets unterlegen, unsicheres Verhalten, traut sich nichts zu, hält sich für unbegabt, ungeschickt usw. |
| 342 | 1 2 3 4 5 | Handelt leichtfertig und oberflächlich, ja nachlässig, wägt nicht ab, weicht einem Ausloten der Probleme aus, läßt sich hinreißen und mitreißen |
| 343 | 1 2 3 4 5 | Lahmes und adynamisches, schwungloses Verhalten |
| 344 | 1 2 3 4 5 | Läßt sich in seiner Meinung von anderen bestimmen, hat keine eigene Meinung, ihre „Meinung" ist nur ein Nachplappern der Ansichten anderer |
| 345 | 1 2 3 4 5 | Sperrt sich gegen alles Natürliche und Kreatürliche |
| 346 | 1 2 3 4 5 | Entwickelt Ängste und Scheu vor Theorie und geistiger Erkenntnis, weicht jeder theoretischen Betrachtung und Analyse aus, will nur machen, aber nicht einsichtsvoll reagieren |
| 347 | 1 2 3 4 5 | Zeigt Öffentlichkeitsscheu und –ängste |
| 348 | 1 2 3 4 5 | Ist ausgesprochen areligiös und weltanschaulich neutralistisch, hat keine Weltanschauung, hält sich an keine Wertvorstellungen, unterscheidet nicht zwischen Gut und Böse, versucht alles zu verstehen und zu entschuldigen |
| 349 | 1 2 3 4 5 | Entwickelt reinen Zweckfunktionalismus, hat keinen Sinn für Kultur und Ideelles, sieht nur die Funktion und ihre Zweckmäßigkeit |
| 350 | 1 2 3 4 5 | Flieht ins Kollektiv und Kollektive, will sich nicht selbst verwirklichen, trachtet vielmehr danach in der Menge aufzugehen, fürchtet sich vor eigener Unabhängigkeit und Selbständigkeit |
| 351 | 1 2 3 4 5 | Fehlt jeder Ehrgeiz, ist nicht strebsam, will nichts erreichen, weder in der Sache noch für sich selbst |
| 352 | 1 2 3 4 5 | Lehnt Pflegen, Dienstleistung und Instandhalten ab |
| 353 | 1 2 3 4 5 | Ohne Sinn für Geschmack und Qualität |
| 354 | 1 2 3 4 5 | Lehnt Regeln, Ordnungen und Systematik, ja alles Formale ab |
| 355 | 1 2 3 4 5 | Entwickelt Fortschritts- und Zukunftsängste, zeigt Angst und Furcht vor der Zukunft, vor allem auch vor der technologischen Entwicklung |
| 356 | 1 2 3 4 5 | Lehnt alles Bekannte und Gewohnte ab, entwickelt eine Scheu vor dem Gewohnten und Vertrauten |

Soweit wollen wir hier allerdings nicht in die Feinheiten gehen[16], sondern wir wollen uns mehr auf grundlegende inhaltliche Aspekte beschränken, wozu in unserem Falle vor allen Dingen Tabus und Selbstverständlichkeiten gehören sollen. Und in dieser Hinsicht gibt es innerhalb Deutschlands beträchtliche Unterschiede, etwa zwischen Bayern und Preußen, zwischen Schleswig-Holstein und dem Rheinland usw., so daß Deutschland insgesamt auf jeden Fall eine pluralistische Gesellschaft ist. Zwar sind im gesamten Land - außer vielleicht in den Landstrichen der ehemaligen DDR - Einflüsse des Christentums deutlich spürbar, aber auch Unterschiede verschiedener Glaubensrichtungen und Kirchen. Diese Gemeinsamkeiten nehmen allerdings Richtung Osten ab, ohne daß dort einheitliche Ersatzanschauungen beherrschend wären, während im angrenzenden Polen fundamentale katholische Anschauungen recht manifest erscheinen, was gerade im Hinblick auf die EU-Erweiterung nicht unerwähnt bleiben sollte, da sie ja auch mit Wanderungen verbunden sein wird.

Trotz aller formalen Einheit der Hochsprache in dieser Gesellschaft erkennt man bei näherem Hinhören nicht nur phonetische Unterschiede zwischen den Landsmannschaften, sondern auch Bedeutungs- und Akzentunterschiede bei vielfach gleichen Termini. Auch darin spiegelt sich die Pluralität. Hinzu kommen Unterschiede der Vertreter verschiedener Berufe und sozialen Schichten sowie Anhänger diverser Parteien und Verbände. Das alles führt dazu, daß diese Gesellschaft als Ganzes keine wirkliche In-Group, eher eine Vielfalt von Wir-Gruppen bildet. Das bietet Angriffs- und Aufweichungspunkte, deren Nutzung durch ein extensives Asylrecht erleichtert wird. Das heißt aber auch, daß die sozialpsychologischen Spektren innerhalb Deutschlands veränderbar sind, wenn auch sicher nicht kurzfristig, abrupt und grundlegend. Eine angsteinflößende oder macht- und gewaltbedingte Erzwingung grundlegender Änderungen bleibt dabei aber keineswegs ausgeschlossen, wie die Veränderung der Anschauungen bezüglich der USA während des Irakkrieges deutlich gezeigt hat. Und auch die Einstellung gegen-

[16] Dazu wäre eine sehr aufwendige Umfrageuntersuchung der verschiedenen Gruppen und Gegenden sowie eine differenzierte statistische Analyse erforderlich, die der Gesetzgeber vornehmen müßte, ehe er entsprechende Regelungen trifft.

über nichtchristlichen Religionen hat sich in weiten Kreisen seit den Attentaten vom 11.9.2002 beträchtlich geändert. Unheimlichkeitsgefühle sind aufgekommen, die ein erster Schritt auf dem Wege zur Bildung einer Wir-Gruppe sein könnten.

Das heißt zunächst einmal, daß über Zuwanderung und Integration nicht überall gleich entschieden werden kann. Ob man das dadurch regelt, daß man die Entscheidungskompetenz den Ländern etc. überläßt, müßte man prüfen, aber auch zentrale, aber differenzierte Entscheidungen sind zu überlegen.

## Zugewanderte

Die Basisgruppen, die sich nach dem letzten Weltkrieg aus den westdeutschen und den geflüchteten Landsmannschaften des Osten geformt hatten, standen mit zunehmendem Wirtschaftswunder und Arbeitskräftebedarf neuen Konfrontationen gegenüber, denn wer davon ausgegangen war, daß die „Gastarbeiter" nach einer gewissen Zeit wieder heimkehren würden, wurde enttäuscht, als viele blieben und ihre Familien ins Land holten, zu Neusiedlern wurden. Allerdings waren sie so zahlreich, daß sie oft nicht darauf angewiesen waren, sich wirklich zu integrieren. Sie blieben, was sie waren. Sie wurden im allgemeinen keine Deutschen, weder von der Sprache noch von der Vorstellungs- und Anschauungswelt. Soweit sie dabei katholische Christen waren und in vorwiegend katholischen Gegenden lebten, traten auch kaum Konflikte auf, da ihre Grundanschauungen nicht wesentlich von denen der heimischen Bewohner abwichen, wenn auch manche Phänomene und Verhaltensweisen auf Ablehnung stießen.

Schwieriger wurde das schon für Menschen aus dem orthodoxen Milieu, die eine völlig andere Feiertagsordnung mitbrachten, deren Rituale sich zudem stark von jenen der heimischen Bevölkerung abhoben und damit fremd oder **befremdend** wirkten. Und das besonders, wenn sie in evangelische Bevölkerungskreise verschlagen wurden, denn dort konnte es geschehen, daß die einheimische Bevölkerung diese Rituale als komisch und lächerlich empfand, was nicht gerade einer Integration förderlich war. Erhöhte Separation der Zugewanderten war die Folge. Sie bildeten mehr und mehr eine Gesellschaft in und evtl. auch gegen die einheimische. Spannungen und Abwehrreaktionen der Einheimischen konnten nicht ausbleiben[17]. Und derartige Prozesse sind nicht mit Parolen wie „gegen Fremdenhaß" einzudämmen und aufzuhalten, wie manche Politiker zu glauben scheinen. Wenn dann noch äußere Unterscheidungsmerkmale, wie fremdes Aussehen und Gebaren hinzukommen, ist die Abwehrreaktion vorprogrammiert. Sobald dann Situationsänderungen, wie Arbeitslosigkeit, Not usw. hinzukommen, kommt es zum Ausbruch, eine verhaltenswissenschaftlich gesehen ganz normale Reaktion. Sie in einer freiheitlichen Demokratie zu verhindern, ist praktisch unmöglich, das kann nur in einem Polizeistaat gelingen, es sei denn, die Zugewanderten integrieren sich, werden Preußen, Bayern, Schwaben usw., wie es zumindest verhaltensmäßig[18] die Weltkriegsflüchtlinge getan haben. Sicher, sie hatten es leichter, waren sie doch durchwegs Deutsche und hatten mit den Tabus und Selbstverständlichkeiten weniger Probleme und auch nur 12 Jahre atheistische Diktatur hinter sich.

Als sehr schwierig erweist sich der Integrationsvorgang für die Rückkehrer aus Rußland. Erstens wurde hier sehr großzügig mit dem Begriff „Rußlanddeutscher" umgegangen. Und wenn dieses dann auch noch für die Großeltern zutraf, für deren Kinder und Kindeskinder galt dieses lediglich abstammungsmäßig, aber nicht sprachlich, geschweige denn mental. Bei ihnen kam hinzu, daß sie in einer polizeistaatlichen, kollektivistischen Zwangsgesellschaft aufgewachsen waren und sich nun in einer freiheitlichen und individualistisch orientierten Demokratie sach- und gebotsgerecht verhalten sollten, und das mit geringen, oft mangelhaften Sprachkenntnissen. Die dazu erforderlichen Anpassungsüberlegungen[19] anzustellen, hatten sie nie gelernt, ein Problem, das alle aus langzeitlichen Diktaturen Zugewanderten mit ihnen teilen. Das muß zwangsläufig zu unangepaßten Verhaltens-

[17] Wie etwa in Ülzen oder Füssen
[18] Vgl. Eibl-Eibesfeld: Biologie des menschlichen Verhaltens, 3. Aufl.
[19] Wobei Anpassung nicht mit Unterordnung oder Einfügung zu verwechseln ist.

weisen führen, so daß Konflikte mit unserer Gesellschaft und ihren Organen vorprogrammiert sind. All das hätten die Initiatoren solcher Programme aber wissen müssen, da diese Fragen in der psychologischen Literatur ausführlich behandelt sind, und das nicht nur in spezielen Essays. Nun stehen wir da mit den Folgen der Entscheidungen nichtsahnender Besserwisserei. Aber da soll bitte keiner von denen der Basisgesellschaft und ihren Mitgliedern die Schuld an den entstandenen Spannungen und Konflikten geben.

## Flüchtlinge und Asylanten

Ein hochbrisantes Problem stellen in diesem Zusammenhang jene Menschen dar, die wegen persönlicher Verfolgung oder widriger Umstände aus den unterschiedlichsten Ländern zu uns geflohen sind. Unsere christlichen Grundanschauungen[20] verlangen von uns, ihnen Schutz und Zuflucht zu gewähren, wenn sie tatsächlich in Gefahr sind. Abgesehen davon, daß es nicht immer sicher festzustellen ist, ob sie wirklich in Gefahr sind, und manche durch Vernichtung ihrer Papiere auch dafür sorgen, daß eine solche Feststellung nicht getroffen werden kann, heißt das aber nicht, daß wir auch Ihre Vorstellungen, Ziele und Anschauungen akzeptieren oder gar unterstützen müssen. Im Gegenteil gilt für sie, sich den Regeln der schützenden Gesellschaft zu fügen und sich all dessen zu enthalten, was Spannungen in die Gastgesellschaft hineintragen könnte.

Das scheinen aber einige Zuwanderergruppen, wie etwa die Kurden, nicht einzusehen. Und sie dürfen sich daher dann auch nicht wundern, wenn ihre Gastgesellschaft die Rolle als Gastgeber aufgibt und ablehnt. Das wenigstens gilt für die meisten Menschen dieser Basisgesellschaft. Daß der Hinauswurf dann nicht rigoros und prompt erfolgt, haben sie nur einer verworrenen Ausländergesetzgebung in diesem Lande und der Großzügigkeit entscheidender und mit den wissenschaftlichen Erkenntnissen schlecht vertrauter Richter zu verdanken.

---

[20] Wie im Grundgesetz verankert.

Natürlich ist es nicht leicht, im Einzelfalle diese Verstöße zu beweisen, da schon aus äußerlichen Gründen ein unauffälliges Eindringen von Ermittlern in diese Kreise schwierig wird, umso wichtiger aber ist dann, daß die Ausschreitungen und Verbotsübertretungen von den Führern dieser Gruppen verhindert werden. Können sie dieses nicht, tragen sie wie ein Manager eines Wirtschaftsunternehmens die Verantwortung für das Fehlverhalten ihrer Mitglieder. Das wiederum muß der Gesetzgeber der Gesellschaft im Ausländerrecht eindeutig festlegen, denn nur dann kann ein Richter, der grundsätzlich an den Wortlaut des Gesetzes gebunden ist, sachgerecht urteilen.

Zugegeben, es ist für viele solcher Zuwanderer nicht leicht, die andersartigen Verhaltensweisen der Gastgesellschaft zu übernehmen, aber gerade deshalb muß die Gastgesellschaft bei der Aufnahme dieser Zuwanderer dafür sorgen, daß Verstöße gegen die üblichen Verhaltensweisen vermieden werden, da sie geeignet sind Spannungen und Konflikte auszulösen, wie wissenschaftliche Untersuchungen lehren. Und kein Politker sollte sich darauf herausreden, er hätte geglaubt, man könne erwachsene Menschen in ihren Grundkonzeptionen noch ändern, zumal die meisten dieser Reaktionen im Menschen angelegt und nicht erlernt und erworben sind. Und selbst, wenn sie nur erlernt, und zwar frühkindlich erlernt sind, sind sie höchstens auf psychotherapeutischem Wege und nicht durch Appelle oder Vorschriften zu überwinden.

Wie problematisch derartige Grundkonzeptionen beim Wechsel der Basisgesellschaft sein können, zeigt sich besonders am Beispiel der Blutrache. Gerade Menschen aus dem Orient, aber auch viele vom Balkan sind mit der Idee und dem Zwang zur Blutrache aufgewachsen. Und immer wieder erleben wir in unserem Lande derartige Delikte unter Zuwanderern, oft allerdings ohne daß Ermittler an derartige Zusammenhänge denken. Und die Verteidigung wird sich hüten, diese Ursache hervorzuheben, denn Selbstjustiz könnte manchem unserer Richter sehr sauer aufstoßen. Hin und wieder wird das Delikt auch von reisenden Killern begangen, die nicht wieder aufzufinden sind, so daß die eigentlichen Rächer völlig im Dunkeln bleiben.

Auch bei sonstigen Delikten spielen die oft ganz andersartigen Erfahrungen in den ursprünglichen Heimatländern eine wichtige Rolle.

Das alles verlangt von unseren Auslandsvertretungen, sich mit dem sozialpsychologischen Spektrum in ihrem Arbeitsland sorgfältig vertraut zu machen, um den zuständigen Stellen im Inland die notwendigen Informationen für eine sachgerechte Arbeit liefern zu können.

# Was bleibt uns übrig

## Zur Vorsorge für die Zukunft

Zwar ist die Situation in unserem Lande schon recht verfahren, doch scheint mir die Möglichkeit zu bestehen, für die Zukunft noch einiges auszubügeln. Dazu gehört ein systematisch an den sozialpsychologischen Erkenntnissen ausgerichtetes Einwanderungsgesetz, das zumindest für eine gewisse Zeit die Zuwanderung stark einschränkt, und das besonders im Hinblick auf kulturfremde Zuwanderer. Eine solche Ruhezeit ist vor allem nötig, um die Versäumnisse und Fehlentwicklungen der vergangenen Jahre korrigieren und glätten zu können. Es wird außerdem gebraucht, weil im Zuge der Osterweiterung der EU damit zu rechnen ist, daß größere Menschenmengen aus den neuen EU-Ländern ins Land kommen, die keinen besonderen Beschränkungen unterliegen, auch nicht als integrationswillig und zu integrieren zu betrachten sind, die aber gewissermaßen erst einmal „verdaut" werden müssen. Dieses Gesetz muß von dem Gedanken echter Integration der Zuwanderer getragen sein, und zwar nicht nur zukünftiger, sondern auch schon vorhandener. Und es muß nicht nur vernünftige Probezeiten vorsehen, sondern auch Sanktionen gegenüber jenen, die nicht integrationswillig und -fähig sind, vor allem aber gegenüber jenen, die Gastrechte mißbrauchen. Dazu gehören auch klare und einfache Reglungen für eine Ausweisung der Täter bzw. Verantwortlichen.

Es muß dementsprechend auch Rechte und Pflichten von Gastarbeitern regeln und deren Aufenthaltsbestimmungen nicht mit denen Zuwanderungswilliger vermischen, was nicht heißen soll, daß Gastarbeiter nicht auch zu Zuwanderern werden können. Zu alledem paßt natürlich keine doppelte Staatsangehörigkeit, dazu paßt natürlich auch keine Nachsichtigkeit bei der Sprachbeherrschung und der Verhaltensanpassung einschließlich der Gesetzes- und Verfassungstreue.

Ein Gesetz, das dieses alles nicht leistet, braucht das Land nicht, schadet ihm höchstens, ruft Rechtsradikale auf den Plan und stärkt sie, gefährdet also die demokratische Grundordnung. Natürlich ist das alles nicht ganz leicht zu verwirklichen und eindeutig zu formulieren. Erschwert wird das noch dadurch, daß wir in die EU eingebunden sind und damit Rahmenbedingungen bestehen, die ebenfalls berücksichtigt werden müssen.. Dennoch sollte die Politik streng darauf achten, daß diese Ansätze eingehalten werden, da noch genügend Zündstoff im Rahmen der Osterweiterung der EU anfallen wird. Hier stoßen Gruppen mit teilweise anderen Grundanschauungen und anderer Sprache legal und von Einwanderungsvorschriften unabhängig in unseren Lebensraum vor, die teilweise gerade in alltäglichen Selbstverständlichkeiten abweichende Vorstellungen haben. Zusammen mit den multikulturellen Zuwanderern könnte das zu einer Zerreißprobe werden, die zur Stärkung all jener Kräfte im Lande führen würde, die autarkische Bestrebungen und Ziele in Richtung einer Lösung aus der EU entwickeln, so gefährlich diese vor allem in wirtschaftlicher, aber auch in politischer Hinsicht für die BRD sein würden.

Allerdings sollte sich die Politik dabei keinesfalls in die innere kulturelle Entwicklung der heimischen Gesellschaft einmischen, wie sie es etwa bei der neudeutschen Rechtsschreibung getan hat, als sie diese für verbindlich erklärte. Erstens muß sie damit rechnen, daß die Kulturschaffenden, und nicht nur die älteren, das nicht mitmachen, zweitens fehlt es ihr an dem nötigen Fingerspitzengefühl für das, was in dieser Hinsicht entwicklungsadäquat ist. Und so sind z.B. bei der neudeutschen Rechtsschreibung nicht nur Unworte, sondern viele inadäquate Regeln entstanden, die es vielleicht Zuwanderern zunächst erleichtern, aber schließlich zu Sinnentstellungen führen, die z.B. diese „neue Sprache" etwa für wissenschaftliche Zwecke mehr und mehr unbrauchbar machen. Muß die Wissenschaft nun etwa wieder Latein lernen? Das läßt deutlich werden, es gibt Notwendigkeiten politischen Wirkens, aber auch Felder, auf denen die Entwicklung den Gruppen und der Gesellschaft vorbehalten bleiben muß und wo sich Politiker heraushalten müssen.

# Vorbereitung der Zuwanderer

Es wurde oben schon angedeutet, daß potentielle Zuwanderer intensiv auf das vorbereitet werden müssen, was sie erwartet und was von ihnen verlangt wird, wenn sie bleiben wollen. Natürlich ist die Beherrschung der Sprache eine wesentliche Voraussetzung. Und das ist aufwendig, denn Deutsch ist beileibe keine leichte Sprache. Und das gilt schon für das Lesen und Verstehen, noch mehr natürlich für das Schreiben und Sprechen. Wer richtig Deutsch kann, dem laufen immer wieder Schauder den Rücken herunter, was Zeitungen syntaktisch für Unfug schreiben und Nachrichtensprecher für sprachlichen Unsinn verzapfen. Sicher, vielen einheimischen Lesern und Hörern fällt das nicht auf, weil ihr Deutsch mangelhaft[21] ist, aber sobald es um Verträge oder Aussagen in der Öffentlichkeit geht, kommen auf diese Menschen Komplikationen zu, die von einem Zuwanderer leicht als Fremdenfeindlichkeit gedeutet werden können. Also ergeben sich daraus zweierlei Forderungen:

- Zuwanderer müssen korrektes Deutsch und differenziertes Deutsch lesen, verstehen, sprechen und schreiben lernen, ehe sie endgültig aufgenommen werden können,
- Einheimische müssen in der Schule korrektes und differenziertes Deutsch lernen, unabhängig von allen Dialekten und Alltagsgewohnheiten.
- Redaktionen und Lektorate müssen nachlernen.

Im übrigen sollte man die neudeutsche Rechtsschreibung und die damit verbundenen „vereinfachten" Regeln schnellstens wieder rückgängig machen, schon um der Exaktheit der sprachlichen Wiedergabe willen.

Im Hinblick auf die großen Dialekt- und Akzentunterschiede in der alltäglichen Umgangssprache in den verschiedenen Landesteilen gehört zur Vorbereitung der Zuwanderer ferner im Anschluß an den Abschluß der gelungenen Deutschausbildung ein Vertrautmachen mit der in seiner zukünftigen Wohnregion üblichen Ausdrucks- und Sprechweise, damit er

[21] s. Waszkewitz: „Deutsch mangelhaft" (beruf und bildung, Heft 10/75)

sich im Alltag zurechtfindet und nicht gleich als Fremder auffällig wird, was ja zur Ausgrenzung durch die In-Group beitragen kann.

In diesem Zusammenhang muß er zugleich Näheres über die üblichen Verhaltensweisen in seiner neuen Umgebung erfahren, er muß mit den Tabus, Selbstverständlichkeiten und Gebräuchen vor Ort vertraut gemacht werden, vor allem aber auch mit Abneigungen der einheimischen Bevölkerung. Das können Verhaltens- und Äußerungsweisen, Gesten und Ausdrücke, aber auch Gerüche sein. Da mag man zwar von Fremdenfeindlichkeit reden, aber Sympathie und Antipathie gehen bei Menschen nun einmal über die Sinnesorgane, ohne daß es ihnen bewußt wird, welches die eigentlichen Ursachen sind. Das hat mit Fremdenfeindlichkeit nichts zu tun, das geht den Fremden nicht anders. Nur sie haben sich ja entschlossen in die Fremde zu gehen, nicht die Einheimischen wollen sich verändern. Und dementsprechend muß man also die Zuwanderer vorbereiten, und zwar möglichst schon bevor sie sich zum Kommen entschließen, eine wichtige Aufgabe für die Goetheinstitute in aller Welt.

Das ist natürlich im Falle der Asylsuchenden nicht möglich. Echte Asylanten suchen Rettung aus Gefahr für Leib und Leben. Sie müssen zunächst einmal untergebracht werden, um sie zu schützen. Erst dann kann man prüfen, ob sie wirklich Asyl suchende oder nur zuwanderungswillige Personen sind[22]. Weiterhin ist festzustellen, ob sie vorübergehend oder langfristig Asyl suchen. Danach richten sich dann die weiteren Maßnahmen. Das wäre im einzelnen in einem Asylgesetz oder einem entsprechenden Abschnitt des Zuwanderungsgesetzes zu regeln.

Im Falle des langfristigen Asyls werden sich ähnliche Maßnahmen wie bei Zuwanderern empfehlen, die allerdings im Einzelfalle durch ein Sicherheitstraining ergänzt werden müssen, denn in solchen Fällen muß man mit Racheakten und ähnlichem aus den Herkunftsländern rechnen, wie sich immer wieder im Laufe der letzten 50 Jahre gezeigt hat. Dieses Sicherheitstraining ist zudem grundsätzlich bei allen asylsuchenden VIP wesent-

[22] Ob sie dann bleiben können, muß anhand des zu schaffenden Zuwanderungsgesetzes entschieden werden.

lich. Und die Auslandsvertretungen sollten vorsorglich opponierende VIP in den jeweiligen Ländern herausfinden und den hiesigen Asylbehörden melden, damit blamable Mißgriffe ausbleiben, wie sie in der Vergangenheit hier und dort erfolgten.

## Die Einheimischen

Nicht zu vergessen sind in diesem Zusammenhang die Einheimischen, die Bayern, Schwaben, Badener, Franken usw., denn sie und ihre Reaktionen spielen bei alledem nicht nur als Wahlvolk, sondern auch als diejenigen, die mit den Fremden umgehen müssen, eine entscheidende Rolle. Ihnen kann man - von wenigen Ausnahmen - nicht mit Multikulti kommen. Vielleicht kann man sie damit eine gewisse Zeitspanne überfahren, aber die Reaktion darauf wird nicht allzulange auf sich warten lassen. Das umso weniger als man sich mit der Abkehr von Amerika eines wichtigen Arguments für multikulturelle Gesellschaften beraubt hat[23]. Und im Rahmen der EU funktioniert das auch nicht so, denn der Nationalstolz der Spanier, Franzosen, aber auch der Dänen und Skandinavier steht dem entgegen, ebenso wie die Uneinsichtigkeit der tschechischen Staatsführung den Sudetendeutschen und ihren Nachkommen immer noch schwer im Magen liegt.

Das heißt, daß Zuwanderer, wenn man von Einzelfällen absieht, ganz im Sinne der verhaltenswissenschaftlichen Forschungsergebnisse nicht nur bei uns, sondern überall als Eindringlinge, Fremde und mit Vorsicht zu genießende Personen wirken und gelten. Dieses bringt Spannungen und Konflikte mit sich, deren Vermeiden das Ziel unserer Forderungen für die Zuwanderung (s.o.) ist. Dennoch werden die Zuwanderer von den Einheimischen als solche ausgemacht werden. Dieses zur Kenntnis nehmen, ohne daraus ein Problem zu machen, muß unser Anliegen bezogen auf die Einheimischen sein. Also müssen wir bei den Einheimischen dafür werben. Dazu eignen sich Zuwanderungsgesetze angeführter Art, wenn sie auch die

---

[23] Wobei nicht zu verkennen ist, daß die verschiedenen Kulturen in den USA keineswegs harmonisch miteinander leben.

im Menschen angelegte Fremdenabwehr nicht außer Kraft setzen. Das heißt, wir müssen mehr tun für die einheimische Bevölkerung.

Soweit es die Asylbewerber betrifft, ist es erforderlich, die einheimische Bevölkerung über die politischen und religiösen Verhältnisse in den Herkunftsländern schonungslos aufzuklären. Sicher, das kann hier und dort zu außenpolitischen Verwicklungen führen, aber es ist ja nicht nötig, daß diese Aufklärung von seiten der Regierung erfolgt, die Medien sind dazu ebensogut in der Lage und haben außerdem meistens noch das bessere Bildmaterial. Eine solche Aufklärung darf sich aber nicht auf einige ausgewählte Herkunftsländer beschränken, denn dann wirkt sie parteiisch. Man merkt die Absicht und ist verstimmt.

Hinsichtlich der Zuwanderer sieht das Konzept naturgemäß anders aus. Sie kommen aus eigenem Entschluß, evtl. zunächst als Gastarbeiter. Natürlich ist es nicht leicht, bei über 4 Millionen Arbeitslosen den Einsatz von Gastarbeitern zu „verkaufen". Das setzt voraus, daß die Arbeitsverwaltung an Hand ihrer Zahlen den Einheimischen zeigen kann, daß keine oder nicht genügend Bewerber für bestimmte Stellen vorhanden sind, daß bei eigenen Bewerbern nicht nur die Qualifikation zu gering ist, sondern auch keine Möglichkeit besteht, die Qualifikation in der zur Verfügung stehenden Zeit zu vermitteln. Nicht argumentieren sollte man allerdings damit, daß es für die gewünschten Qualifikationen keine Ausbildungsmöglichkeiten bei uns gibt, was hier und dort leider auch der Fall ist, weil man geschlafen hat oder gar entsprechende Entwicklungen abgewürgt hat.

Ferner müssen die Einheimischen mit den Lebensgewohnheiten der infrage kommenden Zuwanderer durch Berichte über deren Leben zu Hause, deren Vorstellungen und Verhaltensweisen informiert werden. Das gilt im übrigen auch hinsichtlich der Menschen, die aus den verschiedenen Regionen der EU zu uns kommen. Damit fällt das Schreck- und Überraschungsmoment der ersten Begegnung weg, das Reaktionen der Abwehr auslösen und verstärken kann. Besonders bei der mittleren und älteren Generation sind derartige Informationszyklen wichtig, während die Anschauungswelten der jüngeren Menschen im allgemeinen noch weniger fest und eigenständig sind.

# Individuen und Gruppen

Generell gesehen erscheint es darüber hinaus erforderlich, die Menschen über ihre Abhängigkeit von und ihr Verhältnis zu Gruppen aller Art besser aufzuklären, um sie zu einem möglichst unabhängigen individuellen Urteil zu befähigen. Dazu muß jeder wissen, daß er als Mitglied von Gruppen vielfach und oft unbewußt unter dem Druck der Gruppennormen, Gruppenideologien und Gruppeneinflüsse steht, und zwar mal von dieser, mal von jener Gruppe, mal von Formalgruppen und mal von Primärgruppen. Hinzu kommen die sachlichen Umwelteinflüsse. Daraus ist oft der Eindruck entstanden, als sei das Individuum nur Schnittpunkt dieser Einflüsse. Im Gegensatz dazu steht die Erkenntnis, daß das Individuum seine eigene Persönlichkeit besitzt und sein Verhalten dann jeweils eine Resultante aus dieser Persönlichkeit und den Umständen darstellt. Da diese Umstände ständig wechseln, ist es natürlich nicht leicht, die eigene Persönlichkeit zu bestimmen. Man muß dazu das Verhalten in unterschiedlichsten Situationen - sowohl sachlichen als auch sozialen - untersuchen und auswerten. Das ist ein umständliches und langwieriges Verfahren. Bei einigermaßen begabten Menschen kann, ein Persönlichkeitsfragebogen[24] eingesetzt werden. Die aus der Gruppenanalyse erhaltenen Anforderungswerte werden dann als Sollwerte in die zu den Persönlichkeitsergebnissen gehörigen Vergleichstafeln eingesetzt, um die Konfliktstellen herauszufinden.

Wenden wir uns nun allgemeineren Erscheinungen zu, wie etwa der Autoritäten- und Anerkennungssuche zu. Das Individuum als Gruppenmitglied braucht die Gruppe zum Schutz und zur Bestätigung seiner selbst. Daß es dabei häufig mißbraucht wird, bemerkt es leider selten. Es gibt mit der Gruppenmitgliedschaft meistens einen Teil seiner Selbständigkeit auf und verhält sich damit gruppenkonform, besonders dann, wenn Beurteilungsaufgaben schwierig oder mehrdeutig sind, die Gruppe einen engen

---

[24] Zu finden in B. Waszkewitz: Systematische Selbsterkenntnis, Stuttgart 2001
vgl. auch B. Waszkewitz: Psychologie der Persönlichkeit, Ziff. 8, Stuttgart 2003

Zusammenhang aufweist, die anderen Gruppenmitglieder als kompetenter als das Individuum angesehen werden[25]. Man muß also davon ausgehen, daß Individuen aus Gruppen in derartigen Situationen oft nicht mehr eigenständig reagieren. Es erscheint daher wichtig, in der Erziehung und Bildung die Verselbständigung zu fördern und die innere Abhängigkeit von Gruppen zu mindern. Allerdings läuft das auf eine Stärkung des Individualismus hinaus, was manchen Kreisen gar nicht gefallen wird.

Noch deutlicher wird das überall dort, wo die Normen der beteiligten Gruppe ins Spiel kommen. Sie verfügen über die Macht, fundamentale Änderungen in unseren Einstellungen und Verhaltensweisen auszulösen,[26] die oft persönlichkeitsinadäquat sind. Dabei hält das Individuum beträchtlichen äußeren sozialen Druck aus, wenn es sich nur darauf verlassen kann, daß sein Durchhalten von seiner Gruppe belohnt wird und diese sein Selbstgefühl und sein Gefühl, richtig zu handeln, stützt.

Insgesamt führt die Übernahme der Gruppennormen für das Individuum zu einer Erleichterung der Orientierung in der Gruppe und der Handhabung der sozialen Interaktionen. Dabei spielen dann gewisse Eigenarten der menschlichen Wahrnehmung mit, u.a. der Primacy-Effekt, das Nachwirken des „ersten Eindrucks" trotz andersartiger Erfahrungen. Hierbei spielt sicher eine Rolle, daß der Mensch nicht gerne zugibt, sich geirrt zu haben. Demzufolge werden abweichende Erscheinungen leicht verzerrt - nach dem Grundsatz, daß nicht sein kann, was nicht sein darf -. Häufig werden Handlungen einer Person, die dem ersten Eindruck von derselben widersprechen, dann einfach äußeren Ursachen oder ungewöhnlichen Konstellationen zu geschoben, zumal in unserem westlichen Kulturkreis nur relativ wenig Termini zur Situationsbeschreibung und -kennzeichnung vorhanden sind, aber viele für Personeigenschaften. Zudem werden Verhalten und Persönlichkeit zu oft gleichgesetzt, obwohl sie doch sehr verschiedenartig sind bzw. sein können. Darüber hinaus treten dann Attributionsfehler in

---

[25] vgl. Zimbardo: a. a. O. S. 728

[26] Zimbardo: a. a. O. S. 727

Erscheinung, die durch Gruppennormen und -selbstverständlichkeiten verstärkt werden.

Hinzu kommt die Neigung der meisten Menschen, insbesondere der gruppengeneigten und gruppenverhafteten, ihre eigene Wirkung und Bedeutung bei anderen Menschen zu überschätzen. Sie sind der Meinung, stets einen günstigeren Eindruck bei anderen zu hinterlassen, als in Wirklichkeit der Fall ist. Lediglich die melancholischen, intravertierten und rationalen Menschen geraten selten in die Gefahr, den Eindruck, den sie hinterlassen, zu überschätzen, sich selbst durch eine rosarote Brille zu sehen. Diese Menschen sind weniger gruppengeneigt, binden sich weniger an andere. Sie sind oft Einzelgänger, mit deren Begegnung gegenüber Gruppen wir uns nun beschäftigen wollen.

Dabei muß man grundsätzlich zwischen der neutralen und der abwehrenden Rolle des Individuums unterscheiden. Während das neutral bleibende Individuum in den meisten Fällen so unauffällig bleibt, daß die kontaktierenden Gruppen es nur selten bemerken, werden diese Gruppen auf das in Ablehnung verfallende Individuum eher feindlich reagieren. Dennoch bleiben auch Neutrale nicht immer unbemerkt. Um sie wird dann seitens dieser oder jener Gruppe „geworben", und das besonders von Gruppen, die sich auf Expansionskurs befinden und Macht suchen.

Diese Werbung erfolgt manchmal nahezu unmerklich, besonders wenn es sich bei den Individuen um „Autoritäten" auf bestimmten Gebieten handelt oder sie von der Gruppe als solche betrachtet werden. Sie werden gerne von seiten der Gruppen gewissermaßen als Berater vereinnahmt, ohne daß sie es bemerken. Auffallen wird es ihnen meistens erst dann, wenn die Gruppe mit ihnen bzw. ihren Ansichten anderen Gruppen gegenübertritt oder gar auftrumpft. Und dann ist es meistens zu spät, denn damit wird das betreffende Individuum zu so etwas wie einem „Feindbild" für andere Gruppen. Ist allerdings die „Autorität" - auf welchem Gebiete auch immer - sehr gewichtig, beginnt die Phase der Abwerbung, wobei sich Gruppen vieler Listen und mancherlei Tücken bedienen. Das bedeutet, daß das Individuum, solange es neutral bleiben will, auf der Hut vor den Gruppen und ihren Vertretern bleiben muß.

Es ist generell nicht unbedingt ratsam, sich Gruppen zum Feind zu machen, ohne dabei selbst einer Gruppe anzugehören, die einen stützt und unterstützt. Das gilt im Alltag ebenso wie im Arbeitsleben und in der Forschung. Sich abhebende Geister leben stets mit dem Risiko, höchstens posthum anerkannt zu werden. Feindlich gestimmte Gruppen können Einzelindividuen ziemlich unter Streß setzen. Sie isolieren sie nicht nur, sie stellen sie auch bloß, wo immer es möglich ist, ja sie schrecken auch nicht davor zurück, einzelne Individuen für verrückt zu erklären und u.U. - wenn sie die Macht dazu besitzen - auch einzusperren. Derartige Vorgänge finden sich in der Geschichte in größerer Zahl und ereignen sich auch heute noch mitten unter uns. Nur hier und dort decken Journalisten solche „Skandale" einmal auf oder finden sich unvoreingenommene Staatsanwälte, die Anklage erheben, wenn denn Gesetze zum Schutz der Betroffenen vorhanden sind.

Hier und dort findet man die Ansicht vertreten, daß Individuen keine eigene Persönlichkeit besitzen, sondern nur gruppen- und milieubestimmte Reaktionen zeigen. Auch wird behauptet, daß sich die Persönlichkeit mit dem Anschluß an eine Gruppe ändert. Sicher, Änderungen von Verhaltensweisen treten bei Individuen mit dem Eintritt in eine Gruppe meistens deutlich in Erscheinung. Ob das aber zu einer kurzfristigen oder überhaupt zu einer Änderung der Persönlichkeit führt, erscheint fraglich. Dazu müßte man vor der Begegnung mit der Gruppe eine systematische und differenzierte Analyse der Persönlichkeit durchführen, ebenso nach einiger Zeit in der Gruppe und schließlich nach dem Austritt aus der Gruppe. Erst nach Vorliegen dieser verschiedenen Ergebnisse ließe sich die gestellte Frage eindeutig entscheiden. Derartige Untersuchungen sind aber nirgends zu finden. Andererseits zeigen Längsschnittuntersuchungen an Erwachsenen, daß Persönlichkeitszüge während des Erwachsenenlebens relativ konstant bleiben, und das trotz vielfachen Milieuwechsels, so daß der Einfluß von Gruppen auf die Persönlichkeit – nicht auf das Verhalten - erst einmal bewiesen werden muß.

Das bedeutet für den einzelnen Menschen, daß er danach trachten muß, die für ihn optimale soziale Umwelt zu finden. Allerdings ist das mit einigen Anstrengungen verbunden, weil er immer wieder - möglichst zusammen mit anderen - soziale Umwelten, Gruppen usw. analysieren muß, um sie dann mit seinen Werten zu vergleichen.[27]

[27] Die Ausführungen zur Anwendung der Erkenntnisse sowie die Tabellen und Analysemittel finden sich in B. Waszkewitz: Psychologie der Persönlichkeit, Stuttgart 2003

# Ausblick

Ich habe vorstehend versucht, das Problem multikultureller Strukturen aufzuzeigen, habe versucht klarzustellen, daß sie immer instabil bleiben werden, daß eine Lösung von Zuwanderung nur durch echte Integration in die bestehende Gesellschaft gelingen kann. Dazu wurde zunächst die Komplexität sozialer Gebilde und die Schwierigkeit, sie zu analysieren und zu beschreiben betrachtet, ehe eine Analyse des sozialen Spektrum solcher Gruppen erfolgte. Gerade diese zeigte, wie konfliktbeladen das Zusammentreffen von Gruppen mit unterschiedlichen sozialpsychologischen Spektren, mit verschiedenen Grundanschauungen vom Leben ist und immer bleiben wird.

Dementsprechend erweisen sich die in der BRD bisher getroffenen Entscheidungen zum Thema Zuwanderung als stümperhaft und fern aller Realität. Was zur Lösung des Zuwanderungsproblems erforderlich ist, wurde in Umrissen skizziert, und das sowohl von seiten der gesetzlichen Maßnahmen als auch der unterstützenden und informatorischen Aufgaben gegenüber potentiellen Zuwanderern und gegenüber der einheimischen Bevölkerung, was immer wieder vernachlässigt wird.

Ich kann nur hoffen, daß sich die entscheidenden Politiker in Zukunft an den Erkenntnissen der Wissenschaft und nicht an ihren ideologischen Vorstellungen orientieren.

# Literaturverzeichnis

| | |
|---|---|
| Adler,A. | Menschenkenntnis, Zürich 1947 |
| Allport:,G.W. | Persönlichkeit, Stuttgart 1949 |
| Anschütz, H. | Kybernetik, 4. Aufl. Würzburg 1979 |
| Arnold,W. | Person, Charakter, Persönlichkeit, Göttingen 1957 |
| Arnold/ Eysenck/ Meili | Lexikon der Psychologie, Freiburg 1987 |
| Benesch, H. (Her.) | dtv-Atlas zur Psychologie, München 1987 |
| Berelsen/ Steiner | Menschliches Verhalten, 2 Bde., 1969ff |
| Burisch, W. | Industrie- und Betriebssoziologie, Sammlung Göschen |
| Cattell, R.B. | Personality, 1950 |
| Cattell, R.B. | Die empirische Erforschung der Persönlichkeit, 2. Aufl. Weinheim |
| Delay/ Pichot | Medizinische Psychologie, 2. Aufl. München 1970 |
| Delhees,K.H. | Motivation und Verhalten, München 1975 |
| Dirks, H. | Mensch und Umwelt im Licht der Psychologie, Goldmann Nr. 2627 |
| Dirks, H. | Mensch und Mitmensch im Licht der Psychologie, Goldmann Nr. 2626 |
| Dirks, H. | Der Mensch im Licht der Psychologie, Goldmann Nr. 2625; (ca. 1970) |
| Eibl-Eibesfeld, I. | Die Biologie des menschlichen Verhaltens (Sonderausgabe der 3. Aufl. Weyarn 1997) |
| Eibl-Eibesfeld, I. | Grundriß der vergleichenden Verhaltensforschung, 7. Aufl. München 1987 |
| Eibl-Eibesfeld, I. | Der vorprogrammierte Mensch, 4. Aufl. München 1982 |
| Eysenck:, H.J. | The structure of human personality, 1953 |
| Federspiel,K/ Lackinger Karger, I. | Kursbuch Seele, Köln 1966 |
| Flechtner, H.J. | Grundbegriffe der Kybernetik, dtv, München 1984 |
| Franke, J. | Sozialpsychologie des Betriebes, Stuttgart 1980 |
| Graf Hoyos, C. | Arbeitspsychologie, Stuttgart 1974 |
| Guilford | Persönlichkeit, 2./3. Aufl. Weinheim 1965 |
| Haken/Haken-Krell | Entstehung von biologischer Information und Ordnung, Darmstadt 1989 |
| Heiß, R. | Die Lehre vom Charakter, 1949 |
| Hofstätter, P.R. | Sozialpsychologie, 4. Aufl. Berlin 1970 |
| Hofstätter, P.R. | Einführung in die Sozialpsychologie, 2. Aufl. Stuttgart 1979 |

| | |
|---|---|
| Hofstätter, P.R. | Psychologie (Fischer-Lexikon) Ausgabe Frankfurt 1975 |
| Hofstätter, P.R. | Gruppendynamik, Hamburg 1971 |
| Klaus, G. (Hrsg.) | Wörterbuch der Kybernetik, 2 Bände, Frankfurt 1969 |
| Koenig, O. | Kultur und Verhaltensforschung, München 1970 |
| König, R. | Soziologie (Fischer Lexikon), Frankfurt 1958 |
| Krech/Crutschfield | Grundlagen der Psychologie, 2 Bände 1970 |
| Le Bon, G. | Psychologie der Massen, Stuttgart 1981 |
| Lersch, Ph. | Aufbau der Person, München 1961 |
| Lorenz:, K. | Psychologie der Stammesgeschichte |
| Miller, A. | Du sollst nicht merken, Frankfurt 1981 |
| Moscoviici, S. | Das Zeitalter der Massen, Frankfurt 1986 |
| Opp, K.-D. | Verhaltenstheoretische Soziologie, Hamburg 1972 |
| Opp, K.-D. | Methodologie der Sozialwissenschaften, rde 1970 |
| Penrose, R. | Computerdenken, Spektrum-Heidelberg, ohne Jahreszahl |
| Pervin, L.A. | Persönlichkeitstheorien, München-Basel 1993 |
| Peter&Hull | Das Peter Prinzip |
| Portmann, A. | Zoologie und das neue Bild vom Menschen, rde 20; 1956 |
| Prigogine u. Stengers | Dialog mit der Natur, München 1980 |
| Rattner, J. | Aggression und menschliche Natur, Olten 1970 |
| Ravn, I. | Chaos, Quarks und schwarze Löcher, München 1995 |
| Reiwald, P. | Vom Geiste der Massen, Zürich 1948 |
| Riesmann, D. | Die einsame Masse, rde 72/73 |
| Roth, E. | Persönlichkeitspsychologie, 6. Aufl., Stuttgart 1981 |
| Ruch/Zimbardo | Lehrbuch der Psychologie, 2. Aufl. 1975 |
| Rüegg, W. | Soziologie (Funk-Kolleg), Frankfurt 1975 |
| Schneider, W. | Wörter machen Leute, München 1976 |
| Seger, I. | Knaurs Buch der modernen Soziologie, München 1974 |
| Sternberg, R.J. | "Erfolgsintelligenz" in Psychologie heute, März 1998 S.21ff<br>als Buch bei Droemer, Kindler |
| v. Uexküll:, J. | Streifzüge durch die Umwelten von Tieren und Menschen, Hamburg 1956 |

| | |
|---|---|
| Vester, F. | Neuland des Denkens, München 1984 |
| Waszkewitz, B. | Fundamente der Persönlichkeitspsychologie, München 1960 |
| Waszkewitz, B. | Lernen und Sprache (Die berufsbildende Schule, Heft 7/8, 1969) |
| Waszkewitz, B. | Deutsch mangelhaft, Nachdenkliches zum Thema Lehrlingsausbildung und Schule (beruf und bildung, Heft 10/75) |
| Waszkewitz, B. | Betriebsklima, Sozialstruktur und Führungseignung (Personal Heft 2/82) |
| Waszkewitz, B. | Grundlagen und Praxis der Persönlichkeitspsychologie, Eschborn 1987 |
| Waszkewitz, B. | Komplexe Systeme, Chaos und Erkenntnis, ibidem-Verlag, Stuttgart 1998 |
| Waszkewitz, B. | Gruppen, Cliquen und Vereine, ibidem-Verlag, Stuttgart 2000 |
| Waszkewitz, B. | Systematische Selbsterkenntnis, ibidem-Verlag, Stuttgart 2001 |
| Waszkewitz, B. | UP TO DATE 2002, ibidem-Verlag, Stuttgart 2002 |
| Waszkewitz, B. | Fremde, Andersgläubige und Exoten in sozialen Bezügen, ibidem-Verlag, Stuttgart 2002 |
| Waszkewitz, B. | Psychodiagnostisches Verhaltens- und gestaltungsanalytisches Praktikum, ibidem-Verlag, Stuttgart 2003 |
| Waszkewitz, B | Psychologie der Persönlichkeit, ibidem-Verlag, Stuttgart 2003 |
| Zimbardo, Ph.G. | Psychologie, 6 Aufl. Berlin... 1995 |